財政学
Public Finance

神奈川大学教授・学長

兼子 良夫 編著

税務経理協会

はしがき

　財政学は，公共部門である政府が行う経済活動を総合的に捉えて，新しい時代の政府の役割や機能について主に経済学を用いて考えていくものです。本書も基本的な経済学を用いて議論しています。

　政府の支出内容の動向によって，国民の暮らしは大きく左右されます。また，政府がどのような税を徴収するかによって人々のライフステージの生活設計も変わってきます。また，政府の歳入と歳出の運営の如何によって，マクロ経済のパフォーマンスも大きく影響を受けます。このように，政府が行う経済活動である財政は，国民経済ひいては人々の暮らしに密接に関係しているのです。

　財政学を学ぶことは，日本の経済社会と国民生活のあり方と未来を考えることにつながります。A.マーシャルはケンブリッジ大学の教授就任演説の中で，経済学を志す者は「cool head but warm heart（冷静な頭脳と温かい心）」が必要であると語りましたが，財政学を学ぶ者にこそ必要な素養といえるでしょう。本書の各分野において，経済学によって示されるそれぞれの分析結果等を踏まえて何を学ばなければならないのか，そして，温かい心でどのような処方箋と未来を描くのかが大切になります。

　歴史を振り返ると，政府の役割は，A.スミスに代表される個人主義的国家観による取引の自由を保障する夜警国家としての小さな政府から，20世紀初頭になると，A.ワーグナーをはじめとする有機体説に基づく国家論を展開した社会政策概念が導入され，政府の役割に再分配機能が追加されるなど，福祉国家の実現に向けて大きな政府が求められるようになりました。さらに，新世紀に入ると，新しい公共部門のあり方が再検討されるとともに，環境保全支出や社会保障を投資として捉える見方や限定合理性に基づいた分析も唱えられる中で持続可能な発展を実現するために公共部門は何をなすべきか等が問われるようになりました。

　このように複雑で難解な時代背景の中で，財政学・公共経済学の研究と教育

i

の未来を担う若き精鋭の研究者とともに現代的な課題を正面から捉えた財政学のテキストを上梓できたことは，この上ない喜びです。

　さて，本書の出版にあたって，各章ごとに参考文献を挙げておりますが，多くの先学の成果を利用させていただいたことを申し上げなければなりません。また，本書の制作にご協力をいただいた編者の同僚でもある森田圭亮先生と，大阪大学にて財政学・公共経済学研究の道へと編者を導いてくださった恩師の山田雅俊先生に深く感謝申し上げます。

　終わりに，編者が学長職に就任するなどのために出版延期が続くなかで，変わらず出版を勧めていただき，すべての段階でお世話くださった税務経理協会の峯村英治氏に心からお礼を申し上げます。

平成30年2月

　　　　　　　「みなとみらい21地区」を望む高台の横浜キャンパスにて

　　　　　　　　　　　　　　　　　　　　　　　　　　兼子　良夫

目　　次

はしがき　　i‒ii

第1章　財政の機能 ……………………………………3

第1節　財政の3機能 ……………………………………3
　1　資源配分機能 ………………………………… 3
　2　所得再分配機能 ……………………………… 4
　3　経済安定化機能 ……………………………… 7
第2節　地方財政の機能 ………………………… 10
第3節　行政事務の配分基準 …………………… 11
第4節　税源配分と政府間財政システム ……………… 12

第2章　公　共　財 ……………………………… 17

第1節　財の性質と分類 ………………………… 17
第2節　1財のみの場合の最適供給（部分均衡モデル）……… 20
第3節　私的財と公共財の2財の場合の最適供給
　　　　（一般均衡モデル）……………………………… 23
第4節　公共財のみの場合の自発的供給（部分均衡モデル）… 25
第5節　私的財と公共財の場合の自発的供給
　　　　（一般均衡モデル）……………………………… 27
第6節　リンダール均衡 ………………………………… 31

iii

コラム1　教育問題はどうなっているのか？ ……………… 37

第3章　公　　　　　債 ………………………………… 45

第1節　公債の定義 ………………………………………… 45

第2節　国　　　　　債 …………………………………… 45

　1　国債の種類 ……………………………………… 45

　2　国債の発行方式 ………………………………… 48

　3　国債の償還 ……………………………………… 48

第3節　日本の国債の現状 ………………………………… 50

第4節　公債の負担 ………………………………………… 56

　1　公債負担の理論 ………………………………… 56

　2　公債の中立命題 ………………………………… 59

第4章　所　　得　　税 ……………………………… 65

第1節　所得税と労働意欲 ………………………………… 66

第2節　累進所得税の特徴 ………………………………… 71

第3節　公平性と所得税の課題 …………………………… 77

コラム2　かかりつけ医制度の導入は望ましいのか？ ‥ 81

第5章　法　　人　　税 ……………………………… 85

第1節　利潤最大化と資本 ………………………………… 88

第2節　法人税と企業行動 ………………………………… 91

第3節　資本コストの損金不算入と税の帰着 ……………… 93

目　　次

　　第4節　法人税と経済のグローバル化 ……………………… 95
　　　1　課税権と国際的な二重課税問題 …………………… 95
　　　2　多国籍企業と国際的租税回避 ……………………… 97

第6章　消　費　税 ………………………………………… 101

　　第1節　個別消費税 ……………………………………… 102
　　　1　消費税の転嫁・帰着 ………………………………… 102
　　　2　従量税と逆弾力性の命題 …………………………… 105
　　第2節　一般消費税 ……………………………………… 108
　　　1　小売売上税と付加価値税 …………………………… 108
　　　2　帳簿方式とインボイス方式 ………………………… 111
　　　3　簡易課税制度と益税 ………………………………… 114
　　　4　一般消費税と逆進性 ………………………………… 115

コラム3　日本の医療費増加の犯人は誰？ ……………… 119

第7章　環　境　税 ………………………………………… 127

　　第1節　汚染排出企業による財の生産活動 ……………… 128
　　第2節　社会的に望ましい財の生産活動 ………………… 130
　　第3節　汚染排出企業による生産活動の効率性 ………… 133
　　第4節　環境税の効果 …………………………………… 134
　　第5節　環境税と越境汚染 ……………………………… 136
　　第6節　社会的に望ましい環境税率 …………………… 139
　　第7節　環境税の政策決定の効率性 …………………… 140

v

第8章　空港・港湾の民営化 ……………………………… 143

第1節　空港・港湾の民営化の必要性 ……………………… 144
第2節　空港・港湾の民営化と効率性 ……………………… 147
第3節　空港・港湾の戦略的な民営化 ……………………… 149
　1　空港の民営化 ……………………………………… 149
　2　港湾の民営化 ……………………………………… 154

索　引 ……………………………………………………………… 163

執筆担当者
　第1章　　　　　神奈川大学　経済学部　兼子良夫
　第2章　　　　　長岡大学　経済経営学部　牧野智一
　第3章　　　　　名古屋外国語大学　現代国際学部　大濵賢一朗
　第4・5・6章　神奈川大学　経済学部　森田圭亮
　第7章　　　　　熊本大学　大学院人文社会科学研究部　大野正久
　第8章　　　　　大分大学　経済学部　川崎晃央
　コラム1　　　　法政大学　社会学部　北浦康嗣
　コラム2・3　　青森公立大学　経営経済学部　小寺俊樹

財 政 学

兼子　良夫 編著

第1章　財政の機能

第1節　財政の3機能

　財政とは，望ましい経済社会を実現するために政府が行う活動を経済的な取引の側面から捉えたものである。すなわち，国や地方政府が予算制度を通じて，民間から租税や社会保険料を徴収し，あるいは公債を発行するなどにより財源を調達して，公共的な目的のために支出する一連の経済活動のことをいう。

　現代の資本主義経済の下では，様々な経済活動は市場を通じて行われている。この市場が有効に機能するためには，取引のためのゲームのルールが制度的に確立していなければならない。また，このルールを強制的にすべての経済主体と構成員に遵守させる政府が必要になる。さらに，市場の機能は様々な弱点を内包しており，たとえば，完全競争の要件が満たされないことや外部性や不確実性等による市場の失敗により，資源の効率的な配分を保証しない場合がある。そこで，政府の経済活動は，このような市場機能を補完することを通して，望ましい経済社会を実現する役割を果たそうとする。これらの政府の役割を理解するためには，マスグレイブ（R.Musgrave）が示すように，財政の機能としての資源配分機能，所得再分配機能，経済安定化機能の3機能に分けて考えるのが一般的である。

1　資源配分機能

　資源配分とは，国民がもっている生産に必要な限られた資源を，国民の消費目的に適するように，何を，どれだけ，どのようにして生産するかという資源の配分のことである。一定の条件のもとでは，完全競争的な市場経済は限られ

3

た資源を最も効率的に配分した状態であるパレート最適な状態を作り出す。しかし，資源の効率的な配分について市場経済は万能とはいえない。

たとえば，社会にとって必要であるにもかかわらず，市場での取引だけでは供給されない，あるいは供給が不足する財・サービスが存在する。そこで，政府は民間部門から労働力などの資源を調達し，それを利用することで必要とされる財・サービスを提供する。国防をはじめ，外交，司法，警察，消防など，国の安全と社会生活の維持に必要なサービスの提供や，道路，港湾といった社会資本の整備がこれにあたる。

このような財・サービスは公共財と呼ばれ，第2章にて詳細に議論されるが，一般に，その財の経済的な性質に着目し，非排除性と非競合性が同時に成立する財・サービスと定義している。これらの性質の財は，市場経済での供給がなされないか不足するため，国民が必要とするものなら政府が民間部門から一定の資源を調達して，国民に供給することになる。これを財政の資源配分機能という。さらに，市場メカニズムのままでは過小供給になる特定の財・サービス，たとえば義務教育，学校給食，公営住宅などを，政府が供給する場合がある。これらの財・サービスは，国民がその価値を認める（価値財）とともに，政府が社会的充足が必要と判断して公的供給を行ってきたものであり，市場状況や人々の価値判断が公的供給量を規定することになる。

2　所得再分配機能

競争的な市場経済が必ずしも公平な所得分配を実現するとはいえない。市場経済の下では，所得は原則としていかに生産に貢献したかによって分配が決定される。このような生産への貢献の程度による所得分配は，自助努力が促進され社会の活力を高めることも期待される。しかし，働く意欲があってもすべての人が生産活動に参加できるとは限らないし，傷病や事故にあう可能性はすべての人がもっている。また，所得分配が過度に不平等なものになると，社会の不安定や秩序の悪化をもたらす可能性が生じる。これらの理由により，政府は社会的にみてより公平な分配を達成しようとして様々な財政による対応を行う。

第1章　財政の機能

このような財政の機能は所得再分配機能と呼ばれる。

　具体的には，税制と社会保障制度をどのように構築するかによって再分配の程度が決まってくる。個人の所得に関する税の代表として所得税がある。獲得する所得が高くなるほど高い税率が適用される累進税率を採用することによって，高所得者により重い負担を求め，同時に，生活保護，医療保険，年金，失業保険等の社会保障制度を通して低所得者や社会的弱者に対して手当等の多様な所得移転を行うことによって，高所得者から低所得者や社会的弱者に所得が再分配されることになる。

　図表1−1は，厚生労働省の調査による不平等度（ジニ係数）と所得再分配効果の推移を示したものである。当初所得は，各所得に雑収入と私的給付とされる仕送り，企業年金，生命保険料等の合計額である。また，再分配所得は，当初所得から税と社会保険料を控除し，社会保障給付（現金および現物）を加えた額である。

　この調査によると，当初所得のジニ係数は，調査を重ねるごとに大きくなって，不平等度が拡大しているが，再分配所得はほぼ横ばいで推移している。これは，当初所得での格差の拡大傾向を，社会保障を中心とした所得再分配機能により再分配所得の格差をほぼ横ばいに抑制的に推移させている。

図表1−1　所得再分配の推移（ジニ係数）

調査年	当初所得	再分配所得	再配分係数
2002年	0.4983	0.3812	23.5%
2005年	0.5263	0.3873	26.4%
2008年	0.5318	0.3758	29.3%
2011年	0.5536	0.3791	31.5%
2014年	0.5704	0.3759	34.1%

（出所）　厚生労働省　『平成26年所得再分配調査報告書』による。

　なお，同報告書は，当初所得のジニ係数上昇の背景には，近年の人口高齢化による高齢者世帯の増加や単身世帯の増加など世帯の小規模化といった社会構

造の変化があることを指摘している。

　また，年金制度や高齢者に関する医療制度については，現役世代から老齢世代への世代間の所得再分配機能を有しているといえる。さらに，地方交付税制度等の大規模の財政調整制度は，地域間の所得格差を是正する機能をもつとして地域間の所得再分配機能を有している。

　ところで，政治哲学者のロールズ（J.B.Rawls）は，『正義の理論（A Theory of Justice）』のなかで，初期状況を公正に設定した思考実験の結果，「最も恵まれない人々の分配を高めるべき」だとするマキシミン基準による弱者救済が社会の構成員により合理的選択として合意形成されることを示している。人々から社会契約として弱者救済が，いわゆる社会的正義として合意形成されるというものである。このような考え方は，厚生経済学においてロールズ基準と呼ばれ，分配の正当性やそのあり方を考察する際の基準の一つになっている。

　なお，いわゆるバブル経済崩壊後の資産価格の大きな変動とグローバル経済の進展に伴う内外資産取引の拡大に伴う資産価格の変動により，資産を持つものと持たざるものとの資産格差は大きく拡大し，わが国にも事実上の階級的な社会が成立しつつあるなど，さまざまな格差が定着しつつあるとする見解もある。わが国における高齢化の進展と家族構成の変化による外形的な所得と資産の格差拡大を超えて，これらの資産格差の定着が事実だとすると，つまり，個人の努力では越えられないような格差が存在するならば，勤労者の労働意欲を阻害しかねない。戦後の日本経済の発展の背景には，階級なき社会を前提として，努力すれば報われ，その獲得所得も資産形成も各人の努力の成果とされてきた。生まれついての人生のスタート地点に大きな格差が伴わない階級なき社会（standing equel）であり，自助努力が相応の可能性をもたらすと多数の人々が了解し得る状況にあったといえる。

　さて，行き過ぎた資産格差を是正するものとして相続税と贈与税が考えられる。世界的な富裕層課税の一環として増税を求める議論もあるなかで，平成30年度税制改正において，事業継承等の要請を考慮した相続税と贈与税の大幅な減税措置がなされた。これらは，中小企業の事業継承に配慮したものとはいえ，

第1章　財政の機能

同時に資産格差是正と正逆の方向に舵を取っていることを意味する。しかし，どのような税制が望ましいか，すなわちどのような社会が望ましいかは，その社会の構成員の価値判断に依存するものである。資産格差の現状を考慮しつつ現行の相続税と贈与税をどう評価しどのように改革するかは今後の検討課題といえよう。

3　経済安定化機能

さらに，財政に求められる機能として，経済の安定と成長への補完的な機能がある。これは，景気の変動をできるだけ小さくして経済を安定させ，雇用の確保，物価の安定，国際収支の均衡を達成しようとするとともに長期的には経済成長に寄与しようとすることである。

この機能には，財政の制度に組み込まれている自動安定化機能（ビルト・イン・スタビライザー）と，公共投資や租税を操作して総需要に影響を与える裁量的財政政策（フィスカル・ポリシー）の2つがある。

財政の自動安定化機能とは，財政制度である税体系や社会保障制度が景気状況に応じて自動的に作用して経済を安定化させることをいう。税体系として累進税率構造をもつ所得税や税収の経済成長弾性値が1より大きく景気の変動に敏感に反応する法人税を基幹税としている場合には，好況期には税収が自然に増加し，個人の可処分所得や法人の税引き後利潤の伸びを抑制することを通して，消費や投資の増加を抑制する。一方，不況期には税収が減少し，個人の可処分所得や法人利潤の落ち込みを緩和して，消費や投資の減少を緩和する。また，社会保障制度としての雇用保険等は，好況期には，納付すべき保険料が増加するとともに社会保障給付が減少し，可処分所得の増加が抑制されることによって消費の増加を抑制し，不況期には，逆に失業保険給付などの社会保障給付の増加によって可処分所得の減少を緩和して消費の減少を緩和する。このように財政制度そのものの中に構造的に組み込まれた仕組みが，経済に対し景気対抗的な自動作用を及ぼすことにより経済を安定させることになる。

7

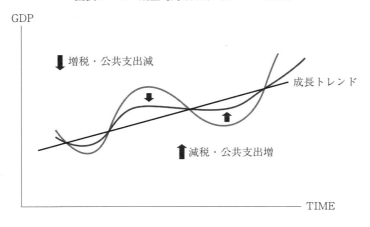

図表1－2　裁量的財政政策（ケインズ政策）

　もう1つの財政による経済安定化機能としては，裁量的財政政策がある（**図表1－2**）。市場経済は不安定であり，常に景気の上昇と下降という短期的な変動を繰り返している。そこでは需要と供給が常に一致するわけではなく，インフレや失業といった現象に直面する。そこで，このような景気の変動をできるだけ小さくするために，増減税や公共支出の増減により有効需要を拡大あるいは縮小させて，経済を安定させようとするものである。

　たとえば，不況期には，公共支出の規模を拡大あるいは減税によって有効需要を拡大させる。一方，好況期で過熱ぎみの場合には，公共支出の抑制あるいは増税等によって有効需要を抑制する。このような有効需要政策は，ケインズ（J.M.Keynes）の有効需要原理にその理論的な基礎があるため，ケインズ政策といわれている。

　ただし，このような政策を有効なものとするには，政策立案者が常に経済状況を的確に把握することが求められ，同時に最適な財政政策を行うことが前提とされる。この前提は，ケインズの生地であるケンブリッジのハーヴェイ・ロード6番地にちなんで「ハーヴェイ・ロードの前提」，または「賢人の前提」などといわれている。政策の実施は，エリート官僚などの賢人があらゆる

第 1 章　財政の機能

情報を把握して合理性に基づいて判断するものとされるが，現代の複雑な資本主義経済においては，このような前提を完遂することは困難である。また，この裁量的財政政策には，予算の審議という制約条件があり，機動的な発動を困難にしている。さらに，情報の不確実性や財政政策の必要性を看過してしまう認知ラグなどの時間的な整合性の課題もある。

図表 1 - 3　公共投資乗数の推移（名目，初年度）

モデル	SP18	世界経済モデル（2次）	世界経済モデル（5次）
推計期間	51年〜71年	66年第 1 四半期〜82年第 2 四半期	83年第 1 四半期〜92年第 1 四半期
乗　　数	2.27	1.47	1.32

（出所）　増井喜一郎編『図説日本の財政（平成10年度版）』による。

また，**図表 1 - 3**は，内閣府（当時の経済企画庁）が世界経済モデルによる公共投資乗数を計算したものであり，推計期間が新しくなるに従って小さくなっている。このように公共投資乗数が低下した理由として，世界経済モデル第5次版は，産業構造の変化をはじめとするわが国を取り巻く内外の経済環境の変化を指摘している。この指摘の一因に，資本の国際資本移動とマクロ経済学でいうマンデル＝フレミング効果にも言及している。すなわち，景気の回復とともに資金需要が増大して，利子率が上昇し，この利子率の上昇が内外の利子率の差異を拡大させ，これにより資本の流入圧力を増大させて円高となり，輸出の減少と輸入の増大を生じさせて財政政策の景気浮揚効果を減殺させる，というものである。また，新古典派マクロ経済学をはじめとする研究者グループからも財政政策の有効性について批判されるようになり，経済安定化機能についても金融政策に委ねる傾向が強くなっている。さらに，1929年の世界大恐慌を乗り切ったことも，金融政策（マネーストックの増大等）の効果が大きかったとする研究も報告されるなど，財政政策の有効性については，現在も多くの論争の中にある。とはいえ，裁量的財政政策の効果を全面的に否定することは当たらない。2008年のいわゆるリーマン・ショック後の経済危機を，先進各国が財

政政策の拡張を含む総需要管理政策によって乗り切った事実をどう捉えるかについてもさらなる検討が必要である。

第2節　地方財政の機能

現代の国家財政に求められる機能は，上述のように資源配分機能（公共財・サービスの供給），所得再分配機能，経済安定化機能の3機能であるが，このうち地方財政に求められる機能は，資源配分機能（地方公共財・サービスの供給）であるとされる。

このように資源配分機能に限定される理由は，一定の地域を管轄する地方政府の特質を考慮すると，地方公共財・サービスの効率的供給については実現可能であるが，所得再分配機能と経済安定化機能の両機能については適切に果たすことはできないと考えられるからである。

ここで，地方政府が提供する地方公共財・サービスについては，この地方公共財・サービスからの便益を受けるその地方の住民による税負担によって賄われると想定しよう。とすれば，地方公共財・サービスの受益と負担が一致することになり，住民は自らの税負担の使い道について関心を寄せ，地方政府の行動すなわち地方公共財・サービスの提供が住民の需要に適切に対応するように，効率的供給が実現されるように要求することになる。

元来地方政府が必要とされる理由は，地方公共財・サービスの効率的供給という経済効率性の観点から単一の中央政府による提供の場合より望ましい成果が期待されること他ならない。

一方，所得再分配機能については，他地域への住民の移動が自由になされることを考慮すると，その機能を果たすことは難しいと言える。たとえば，他の政策についてはすべて他地域と同じで，この所得再分配政策についてのみ他地域より低所得者に対して手厚く再分配を行う地方政府について考えてみよう。このような積極的な再分配政策を行うには納税者の負担を重くしなければならない。よって，他地域から多く低所得者が流入し，同時に高所得者が転出する

10

第1章　財政の機能

と想定できる。これは，再分配政策に必要な額は拡大していくものの，そのための財源は減少することを意味している。結局，地方政府によるこのような政策は維持し得ないということになる。このように所得再分配機能は，全国的に展開されるべきであり，地方財政の機能としては馴染まないものである。

　次に，経済安定化機能については，考察対象である景気の変動等はそもそも一国全体で考慮するものであり，特定地域に限定したとしても，地域間が高度に開放された市場経済のもとではその効果は地域外にも及ぶことになる。また，地方政府は貨幣供給量をコントロールすることができないため，総需要管理政策としての政策効果は整合的に発動することができない。このようなことからも経済安定化機能は地方財政の機能として適切なものとは言えず，国家財政に求められる機能と考えるべきである。

第3節　行政事務の配分基準

　行政区域や事務配分などを見直す際に，公共財の便益の及ぶ地理的な広がりを，一定の判断基準とすることができる。

　国際連合は，世界の平和と安全の維持，各国間の友好関係の促進，経済・社会・文化・人道上の問題について国際協力を達成するために設立された諸国家の組織である。また，世界貿易機関も世界貿易の自由化と秩序維持をめざす国際機関であり，その活動の便益の及ぶ地理的な広がりも地球全域である。このような国際機関の活動の便益の及ぶ地理的な広がりがグローバルであるため国際公共財と呼んでおり，これらの機関の設立及び維持費用は世界各国が分担して負担している。

　また，国防や外交，司法のような公共財・サービスの便益の地理的な広がりは一国全体に及んでいる。これを国家公共財ということがある。外交や国防の便益が地理的な広がりは一国全体であり，その便益は国の隅々に及ぶため全国民が同じように受益し得る公共財・サービスは国が供給するのが最適といえる。

　さらに，公民館や体育館などとして実際に提供されている施設やゴミ収集と

11

その処理や消防などの日常生活に密着した公共サービスの多くは，その便益の及ぶ範囲が地理的に限定されたものであり，便益の広がりが地理的に限定される公共財を地方公共財あるいは地域公共財と呼んでいる。このような公共財・サービスの供給主体は，その便益の及ぶ地理的な広がりに相当する地方政府すなわち都道府県や市町村が適している。

　一般に，公共経済学が教えるように，公共財・サービスの便益の及ぶ範囲と担当行政区域を一致させ，行政責任を明確化するとともに供給主体としてより効率的な供給主体の実現を図る必要がある。たとえば，ある市町村が提供するサービスが，実際には県域全体にサービスが及ぶものであれば県にその事務を移管すべきであり，もし，県が提供する公共財・サービスが一国全体に便益が及ぶならば，その事務を国に移管すべきとなる。また，県域を越えていくつかの県にその便益が及ぶ公共財・サービスについては，事務連合の構成や新しい行政体としての道州制の導入などが考えられる。このように，公共財の便益の広がりは，抜本的な行政改革や事務配分のあり方を検討する際に大きな示唆を与えるものとなる。

第4節　税源配分と政府間財政システム

　図表1－4には，2015年度決算額における国と地方の税源配分が示されている。これは国と地方の税収総額の約6割を国税が占め，残りの4割が都道府県と市町村の税収となっている。一方，歳出の割合をみると，国が約4割，地方（都道府県と市町村）によるものが約6割となっており，国と地方の歳出決算額が税収比と逆転している。地方が国より少ない税収にもかかわらず，逆に，国を大きく上回る歳出を可能にしている地方交付税，国庫支出金等の国と地方の政府間財政システムがある。特に国庫支出金は，使途が限定される特定財源とされるため，その歳入と歳出についての意思決定が国に依存することになり，国が地方をコントロールする財源になっているとの指摘もある。いずれにしても，これまで国土の均衡ある経済発展等のために多大な役割を担ってきたとさ

第1章 財政の機能

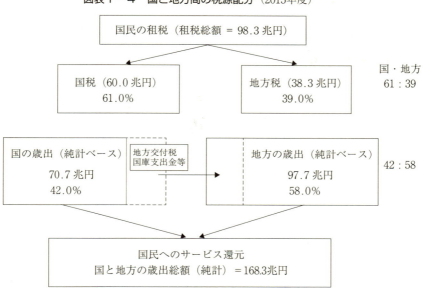

図表1-4 国と地方間の税源配分 (2015年度)

(出所) 総務省ホームページ。

れる中央集権的な財政制度に対する制度疲労や非効率等が議論されるなかで，住民の情報をより多く持つ地方政府の分権的意思決定の優位性を後押しし，地方分権と地方自治を推進する税源配分と政府間財政システムの改革が求められている。

　地方自治とは，一般に，住民が日常の生活に関する地方行政の内容について住民の負担と責任で自ら決定し処理する政治形態とされている。**図表1-5**では，住民の負担を地方税と地方債として，地方行政の内容を地方公共財・地方公共サービスとして示している。矢印は，その歳入額と歳出額の大きさの違いを表しており，左上の矢印は，歳入額と歳出額の差額を補うものとしての，国からの財政移転額（地方交付税・国庫補助金）を示している。

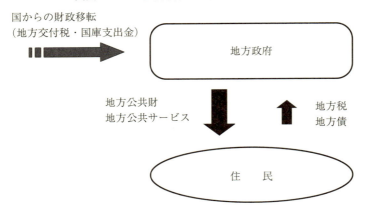

図表1-5 地方自治と政府間財政システム

　国の行政である外交や国防、そして父子主義（パターナリズム）に基づく長期的な社会保障の運営などのように専門的な知識と判断能力が必要な分野ではなく、地方政府は日常生活に密着した行政を担当しているため、地方行政の内容は、住民が十分に判断できるものが多く、英国の政治家のブライス（J. Bryce）が「地方自治は民主主義の学校」と呼んだように、住民の意思を地方行政に反映できる運営が可能である。にもかかわらず、住民が地方行政の内容に意見を表明せず、自己責任を回避して、その意味での民主主義が日本に根付いていないとするなら、その一因は、**図表1-5**に示されるような、大規模な国からの財政移転に依存している政府間財政システムにあるのかも知れない。現行の地方財政制度は、国からの多額の財政移転に大きく依存しており、住民が支払う地方税と地方公共財・サービスの間の受益と負担が遮断されてしまい、自ら支払った地方税の使い道をチェックする誘因が小さいと考えられる。つまり、このような政府間財政システムがモラルハザードを誘因していることになる。

　さて、税源配分と政府間財政システムの改革を本格的に検討したものに、2004年度から2006年度までの3か年に実施された「三位一体の改革」がある。この「三位一体の改革」とは、「地方にできることは地方に」という理念の下、国の関与を縮小し地方の権限・責任を拡大して地方分権と地方自治を推進する

第1章　財政の機能

ために，国から地方への税源移譲，国庫補助負担金の削減，地方交付税の見直しの3つを一体として行う国と地方の財政制度改革のことである。総務省によれば，「三位一体の改革」の成果として，国から地方への3兆円規模の税源が移譲され，国庫補助負担金が約4.7兆円削減され，地方交付税が約5.1兆円抑制できたとされている。この「三位一体の改革」については，その評価について様々な議論があるが，地方分権の推進と地方自治の確立を目指したとき，国から地方へ税源移譲し，大規模な財政移転・財政調整の制度である国庫支出金と地方交付税制度を縮小するという，国と地方の財政制度に対する改革の方向は理があるものであり，今後についてもさらに推進すべき改革と考えられる。

〔参考文献〕

林　宜嗣『基礎コース財政学（第3版）』新世社，2011年。

林　宏昭・玉岡雅之・桑原美香『入門財政学（第2版）』中央経済社，2015年。

貝塚啓明『財政学（第3版）』東京大学出版会，2003年。

兼子良夫『地方財政』八千代出版，2012年。

増井喜一郎編『図説日本の財政（平成10年度版）』東洋経済新報社，1998年。

諸富　徹『財政と現代の経済社会』放送大学教育振興会，2015年。

佐藤主光『財政学』放送大学教育振興会，2010年。

山田雅俊・岩根　徹・中井英雄・林　宏昭『財政学』有斐閣，1992年。

R. A. Musgrave, *The Theory of Public Finance: A Study in Public Economy*, McGraw-Hill, 1959.

第2章　公　共　財

　私たちの生活は，様々な財・サービスによって支えられている。私たちの生活を支える財・サービスは，たとえば，小売店で販売されている食料品や衣料品などであったり，国や地方自治体である政府によって供給される道路や橋，警察サービスなどであったり，多岐にわたっている。これらの財・サービスは，非排除性と非競合性と呼ばれる性質により私的財と公共財に分けられる。

　このうち，公共財は非排除性と非競合性の両方の性質，あるいはいずれか一方の性質がある財・サービスと定義される。ここで注意すべきは，公共財はその性質により区別されるのであり，公共部門である政府が供給する財・サービスが公共財ではない点である。しかしながら，私たちの身の回りにある公共財の多くは政府によって供給されており，その原因は公共財が持つ非排除性と非競合性にある。

　私的財は，市場における個人の自発的な取引によって，資源配分が効率的となる最適供給の達成が可能である。一方で，公共財は，非排除性と非競合性により市場における個人の自発的な取引では，最適な供給を達成することが難しく，市場の失敗が生じてしまう。その結果として政府が多くの公共財を供給しているだけであり，民間企業によって供給されている公共財も数多く存在している。以下では，公共財の性質である非排除性と非競合性について理解するとともに，公共財の最適供給条件や自発的供給について考察する。

第1節　財の性質と分類

　財・サービスを私的財と公共財に区別する基準となる非排除性と非競合性の性質から考えていこう。非排除性とは，対価を支払っていない人も財・サービ

17

スから便益を得ることができる性質であり，だれでも財・サービスの消費や利用ができる性質とも指摘できる。たとえば，税金を使って作られる橋は，税金を支払っていない外国人観光客でも自由に利用して川を渡る便益を得ることができるため，非排除性があるといえる。それとは異なり，食料品などのように，対価の支払いをした人だけが財・サービスから便益を得ることができる性質を排除性と呼ぶ。

　一方で，非競合性とは，ある人が財・サービスを消費や利用しても他の人も同じように便益を得ることができる性質であり，だれもが財・サービスから同じように便益を得ることができる性質とも指摘できる。たとえば，ある区間の道路は，だれもが同じようにその区間をスムーズに移動できる便益を得ることができるため，非競合性があるといえる。それとは異なり，食料品のように，だれかが消費や利用すると他の人が消費や利用することができない，あるいは他の人の便益が減少してしまう性質を競合性と呼ぶ。ただし，競合性は混雑するような状況でも生じる場合がある。混雑した道路では同じ区間の移動であっても時間が多くかかり，その便益は減少するからである。

図表２－１　財の分類

| | | 非競合性 | |
		あり（非競合性）	なし（競合性）
非排除性	あり（非排除性）	純粋公共財　　国防　無料のテレビ放送　警察サービスなど	準公共財　　混雑のある無料駐車場　渋滞中の一般道路など
	なし（排除性）	準公共財（クラブ財）　　有料のテレビ放送　有料道路　有料公園　大学の講義など	私的財　　食料品　飲料品　日用品など

18

第2章　公　共　財

　このような非排除性と非競合性の観点から，図表2－1のように財は分類できる[1]。非排除性と非競合性のどちらの性質もない財，言い換えれば，排除性と競合性がある財を「私的財」と呼ぶ。私的財は，対価を支払った人だけが便益を得られる財・サービスであり，スーパーなどで販売されている食料品や飲料品，日用品などである。非排除性と非競合性の両方，あるいはいずれか一方の性質がある財が公共財であり，両方の性質がある「純粋公共財」と，いずれか一方の性質がある「準公共財」に分類できる。

　「純粋公共財」は，非排除性と非競合性がある財であり，だれでも利用でき同じように便益を得ることができる財・サービスであるといえる。たとえば，国防は，その国の国民だけでなく外国人も含めたその国に滞在する人全員が他国による攻撃から守られる便益を得るため，純粋公共財であるといえる。また，だれでも無料で受信でき同じ内容の番組を全員が同時に視聴できる無料のテレビ放送やラジオ放送，治安維持の役割を果たしている警察サービスなども挙げられる。

　「準公共財」は，さらに2つに分けられる。まず，非排除性がなく非競合性がある準公共財は，対価を支払った人だけが利用できその人たちが同じように便益を得られる財であるといえる。このような準公共財は，会費を支払うことで所属できる会員制のクラブに近いことから「クラブ財」とも呼ばれる。たとえば，CS放送などの有料のテレビ放送は，料金を支払った人だけが放送を受信できその人たちはだれもが同じ内容の番組を視聴することができるため，クラブ財であるといえる。その他に，有料道路や映画，大学の講義などがある。一方で，非排除性があり非競合性がない準公共財は，だれでも利用できるが財・サービスからの便益を同じように得られない財であるといえる。先に挙げた混雑のある道路などが，このような準公共財の例である。

　また，便益の範囲が限定された地域にしか及ばない公共財を地方公共財と呼んでいる。たとえば，市町村によるゴミ収集サービスは，実施している市町村の地域内に限られ，他の市町村には及ばないため，地方公共財といえる。その他に，公園や図書館，体育館などの施設が挙げられる。

19

第2節　1財のみの場合の最適供給
（部分均衡モデル）

　公共財の自発的供給を考察する際の基準として，資源配分が効率的となる公共財の最適供給とその条件を確認する。議論を簡単にするために，個人 a と個人 b の 2 人だけが存在し，1 財のみである社会を考えよう。なお，公共財の性質や最適供給条件の理解を深めるために，財が私的財の場合と公共財の場合のそれぞれについて考える。

　まず，財が私的財の場合から考えよう。**図表 2 − 2** には，個人 a と個人 b の私的財に対する需要曲線が描かれている。私的財の価格が p であるとすると，個人 a の需要量は x_a であり，個人 b の需要量は x_b である。私的財には排除性があるため，個人 a と個人 b は個々に需要する必要があり，私的財の社会全体の需要量は個人 a と個人 b の需要量を合計した $x_a + x_b$ となる。全ての価格水準において同様の指摘ができるため，私的財の社会全体の需要曲線は各個人の需要曲線を水平方向に足し合わせた曲線となる。

　このときの各個人の便益を考えるために，消費者余剰に注目して考えてみよ

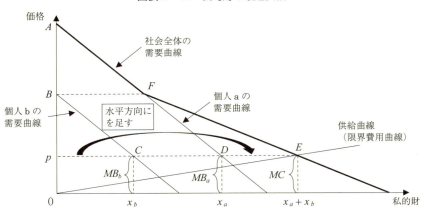

図表2−2　私的財の最適供給

う。私的財の価格がpであるときの社会全体の消費者余剰は$AFEp$である。この社会全体の消費者余剰は，個人ａの消費者余剰である$\triangle ADp$と個人ｂの消費者余剰である$\triangle FED$に分けられる。このように考えれば，各個人は自らが需要する財だけから消費者余剰を得ていると指摘できるため，この社会全体の需要曲線は競合性も表しているといえる。

　このとき，**図表２－２**のような供給曲線が与えられたとすると，私的財の社会全体の需要曲線との交点Eが市場均衡点である。市場均衡では消費者余剰と生産者余剰の合計である総余剰は最大であり，最適な資源配分が達成されるため，市場均衡点Eの供給量$x_a + x_b$が私的財の最適供給量である。ここで，需要曲線と供給曲線の垂直方向の距離に注目しよう。まず，各個人の需要曲線の垂直方向の距離は，各個人が１単位だけ追加で需要する際に追加で得られる便益の大きさ，すなわち限界便益（MB）を表し，市場均衡では各個人の限界便益は価格と等しくなる（$MB_a = MB_b = p$）。一方で供給曲線の垂直方向の距離は財を１単位だけ追加で生産する際に追加で必要な費用の大きさ，すなわち限界費用（MC）を表し，市場均衡では限界費用は価格と等しくなる（$MC = p$）。したがって，最適供給である市場均衡では，次の式が成立しているといえる。

$$MB_a = MB_b = MC(= p) \tag{1}$$

　この(1)式は，市場均衡では各個人の限界便益と限界費用が価格を通して等しくなることを示しており，この式が私的財のみの場合の最適供給条件である。

　次に，財が公共財の場合について考えよう。**図表２－３**には，個人ａと個人ｂの公共財に対する需要曲線（限界便益曲線）が描かれている。公共財は非排除性と非競合性の性質があるため，社会全体に供給された公共財を個人ａと個人ｂのどちらも利用でき，便益を得られる。公共財から得られる便益として限界便益に注目すると，社会全体にg_1だけ公共財が供給された場合の個人ａの限界便益はMB_aであり，個人ｂの限界便益はMB_bである。したがって，このときの社会全体に生じる限界便益（社会的限界便益）は個人ａと個人ｂの限界便益を合計した$MB_a + MB_b$である。全ての公共財の水準において同様の指摘が

21

できるため,公共財の社会的限界便益曲線は,各個人の限界便益を垂直方向に足し合わせた曲線となる。

図表2-3のような供給曲線が与えられたとすると,社会的限界便益曲線との交点Eが市場均衡点である。このとき総余剰が最大となることから,市場均衡点Eの供給量g^*が公共財の最適供給量である。また,市場均衡点Eでは社会的限界便益と限界費用が一致しているため,次の式が成立している。

$$MB_a + MB_b = MC \tag{2}$$

この(2)式が公共財のみの場合の最適供給条件であり,その条件は各個人の限界便益の和が公共財の限界費用と等しいことである。

図表2-3 公共財の最適供給

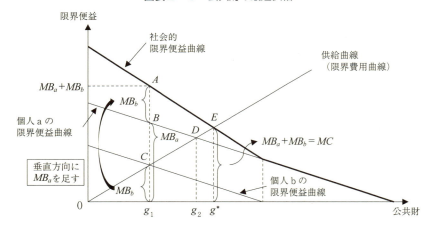

第2章 公 共 財

第3節　私的財と公共財の２財の場合の最適供給
（一般均衡モデル）

　この節では，様々な財・サービスがある実際の社会により近い状況として私的財と公共財の２財が存在する場合を考える。ここでは，社会全体の資源が私的財と公共財の生産に全て配分されたときの効率的な資源配分から公共財の最適供給を考察する。

　社会全体には個人ａと個人ｂの２人が存在し，各個人は私的財と公共財の２財の消費により効用を得ており，その効用水準は無差別曲線によって表されている。各個人が一定の効用を維持するためには，一方の財の消費量を増やすと他方の財の消費量を減らす必要があり，その割合を限界代替率（MRS）と呼ぶ。そして，各個人の限界代替率（MRS_a, MRS_b）は，各個人の無差別曲線の接線の傾きと等しくなる。

　また，社会全体の資源は全て私的財と公共財の生産に使われ，そのときの社会全体の私的財の供給量Xと公共財の供給量Gの組合せは生産可能曲線で表される。全ての資源を使って生産しているため，一方の財の生産量を増やすには他方の財の生産量を減らす必要があり，その割合を限界変形率（MRT）と呼ぶ。そして，限界変形率は生産可能曲線の接線の傾きと等しくなる。

　ここで，私的財と公共財の供給量と消費量の関係について整理しよう。まず，私的財は排除性の性質があるため，個人ａが私的財をx_aだけ消費したとすると，個人ｂが消費できる私的財の量は社会全体に残っている私的財，つまり社会全体の私的財の供給量Xと個人ａの私的財の消費量x_aの差（$X - x_a$）となる。一方で，公共財は非排除性の性質があるため，個人ａと個人ｂは社会全体の公共財の供給量Gをともに消費できることから，各個人の公共財の消費量は社会全体の公共財の供給量と同じになる。

23

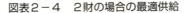

図表2-4 2財の場合の最適供給

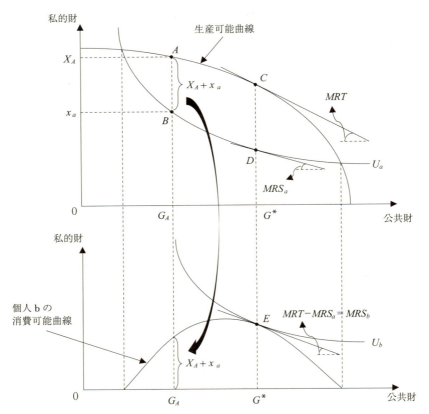

　図表2-4の上図には，生産可能曲線と個人 a の効用を U_a としたときの無差別曲線が描かれている。生産可能曲線上の点 A で各財が生産されたとすると，社会全体における私的財の供給量は X_A であり，公共財の供給量は G_A である。このとき，各個人の公共財の消費量は供給量と等しい G_A であることから，個人 a の効用が U_a となる消費の組合せは点 B であり，個人 a の私的財の消費量は x_a となる。そして，点 A と点 B の距離（生産可能曲線と個人 a の無差別曲線の垂直方向の距離）は，社会全体の私的財の供給量と個人 a の私的財の消費量の差

24

であるため，個人ｂが消費できる私的財の量を表しているといえる。全ての公共財の水準において，個人ａの効用がU_aである場合の個人ｂが消費できる私的財の量を考えると，**図表２－４**の下図に描かれる個人ｂの消費可能曲線を表すことができる[2]。この個人ｂの消費可能曲線の接線の傾きは，限界変形率MRTから個人ａの限界代替率MRS_aを引いた$MRT - MRS_a$である。

そして，**図表２－４**の下図の個人ｂの消費可能曲線と個人ｂの無差別曲線U_bの接点Eは，個人ｂの効用が最大になる最適消費点である。このときの両者の効用は相手の効用を下げることなく，自分の効用を高めることができないパレート最適な状態である。したがって，点Eでの公共財の供給量G^*が公共財の最適供給量である。また，この点Eでは個人ｂの消費可能曲線と個人ｂの無差別曲線は接することから，２つの曲線の接線は一致しているといえる。そのため，個人ｂの消費可能曲線の接線の傾きと個人ｂの限界代替率が等しくなり，(3)式が成立する。

$$MRT - MRS_a = MRS_b \tag{3}$$

この式を変形すると，

$$MRS_a + MRS_b = MRT \tag{4}$$

となる。この(4)式が私的財と公共財の２財の場合の公共財のパレート最適条件であり，その条件は各個人の限界代替率の和と限界変形率が等しくなることである。また，(4)式はサミュエルソンの公式と呼ぶ[3]。

第4節　公共財のみの場合の自発的供給
（部分均衡モデル）

前節までは，公共財の最適供給について考えてきたが，ここでは各個人の自発的な行動による公共財供給について考察する。これまでと同様に，個人ａと個人ｂの２人が存在する社会を想定し，公共財のみの場合と私的財と公共財の

2財の場合について考える。

　まずは，公共財のみの場合の自発的供給から考えよう。各個人は自発的に供給する際，公共財から得られる自らの余剰を最大にするために，自らの限界便益と限界費用が一致する水準の公共財供給を望むだろう。**図表２－３**では，個人ａはg_2だけ公共財を望み，個人ｂはg_1だけ公共財を望むことになる。

　また，公共財の性質により各個人は自らが供給した公共財だけでなく他の個人が供給した公共財も含めた社会全体の公共財を利用できる。そのため，各個人は他の個人が供給した公共財を考慮して自らの公共財の供給量を決定しようとする。このような他の個人の行動を考慮して自らの最適な行動を決定することを非協力ゲーム的戦略行動という。これらの点を踏まえて，公共財の自発的供給とその過程について考えよう。ここでは，理解を容易にするために，具体的な数値を用いることとし，**図表２－３**における個人ａが望む公共財g_2が12単位であり，個人ｂが望む公共財g_1が８単位であるとする。

　はじめに，個人ｂは自らが望む８単位の公共財を全て自発的に供給したとすると，個人ａは４単位だけ公共財を自発的に供給し，社会全体の公共財を自らが望む12単位にするだろう。しかし，個人ｂにとっては社会全体の公共財が自らが望む水準より多いため，個人ｂは自発的な供給量を８単位から４単位に減らし，社会全体の公共財を８単位にする。今度は，個人ａにとっては社会全体の公共財が自らが望む水準よりも少なくなるため，個人ａは自発的な供給量を４単位から８単位に増やし，再び社会全体の公共財を12単位にする。

　このように，各個人は他の個人の自発的供給量を考慮しながら，社会全体の公共財が自らが望む水準より少なければ自発的な供給量を増やし，自らが望む水準よりも多ければ自発的な供給量を減らしていく。これらが繰り返され，この場合では最終的に個人ａは自らが望む公共財g_2である12単位を自発的に供給するが，個人ｂは公共財を全く供給しなくなる。したがって，自発的供給による社会全体の公共財は個人ａが望む公共財g_2だけになる。

　図表２－３の公共財の最適供給量g^*と比較すると，この自発的に供給された公共財g_2は過少供給であるといえる。この原因は，公共財が持つ性質にある。

第2章　公　共　財

公共財には非排除性と非競合性があるため，各個人は他の個人が供給した公共財を対価を支払わずに利用するただ乗り（フリーライド）が可能である。そのため，各個人は他の個人が供給する公共財にただ乗りするフリーライダーとなり，自らの公共財の供給量を減らそうとする。その結果，公共財の自発的供給では過少供給となり，市場の失敗が生じる。このようなフリーライダーの問題により，公共財は自発的な供給では最適に供給されないため，効率的な資源配分を実現するために政府によって公共財が供給される必要がある。

第5節　私的財と公共財の場合の自発的供給
（一般均衡モデル）

次に，私的財と公共財の2財の場合の自発的供給について考えてみよう。各個人はそれぞれの予算制約に基づいた効用最大化により，私的財の消費量と自らが望む公共財の消費量を決定する。このとき，公共財のみの自発的供給で考えたように，各個人の自発的な公共財の供給量は，他の個人の公共財の供給量を考慮して決定される。ここで，個人aが望む公共財の消費量をG_aとし，個人bの公共財の供給量をg_bとすると，個人aの公共財の自発的な供給量g_aは(5)式で表すことができる。

$$g_a = G_a - g_b \tag{5}$$

図表2-5を使って，個人aの公共財の自発的な供給量g_aと個人bの公共財の供給量g_bの関係を考えてみよう。**図表2-5**の上図には，個人aの予算制約線と無差別曲線が描かれている。このとき，個人bによって公共財が供給されると，個人aにとっては利用できる公共財がすでに存在していると考えられるため，個人aの予算制約線は個人bが供給した公共財の分だけ右にシフトするといえる。

まず，縦軸上の点Aを通る予算制約線は個人bが公共財を全く供給しない場合，つまり$g_b = 0$の場合を表している。このときの最適消費点は点E_0であり，

27

個人aが望む公共財の消費量G_a^0はである。個人bが公共財を全く供給しないため，個人aは自らが望む公共財の消費量であるG_a^0をすべて自発的に供給する。次に，点Bから始まる予算制約線は個人bが公共財をg_b^1だけ供給している場合を表している。このときの個人aの最適消費点は点E_1であることから，個人aが望む公共財の消費量はG_a^1である。先ほどと異なり，個人bがg_b^1だけ

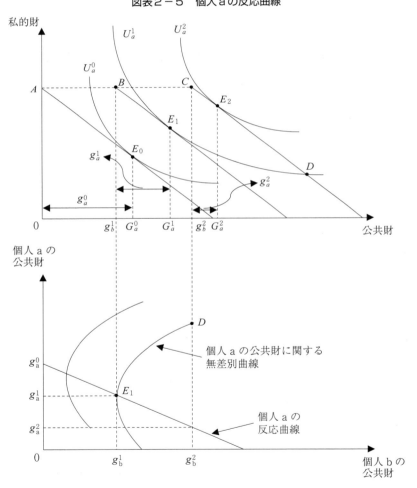

図表2－5　個人aの反応曲線

公共財を供給しているため，個人 a の自発的な公共財の供給量は $g_a^1 = G_a^1 - g_b^1$ である。また，点 C から始まる予算制約線は個人 b が公共財を g_b^2 だけ供給している場合を表しており，個人 a の最適消費点は点 E_2 であるため個人 a の自発的な公共財の供給量は $g_a^2 = G_a^2 - g_b^2$ である。

図表２-５に示されたように個人 a の公共財の自発的な供給量 g_a は，個人 b の公共財の供給量 g_b が増加するにつれて減少する。**図表２-５**の下図に描かれた右下がりの曲線は個人 b の公共財の供給量に応じた個人 a の公共財供給に関する最適な反応を表している。この曲線を反応曲線と呼び，次のような特徴がある。１点目は，この個人 a の反応曲線は最適消費点から求められるため，反応曲線上の点では最適条件が成り立っている。つまり，個人 a の私的財と公共財の限界代替率が私的財と公共財の価格比と等しくなっている点である。２点目は，各個人の公共財に関する無差別曲線を考えると，この公共財に関する無差別曲線の頂点は反応曲線と交わり，個人 b の公共財の供給量が多いほど無差別曲線の効用は高くなる点である[4]。また，個人 b の反応曲線についても同様に考えることで求めることができる。

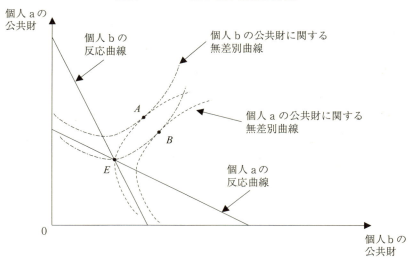

図表２-６　２財の場合の自発的供給

図表2-6には，個人aと個人bの反応曲線が描かれており，反応曲線の交点Eをナッシュ均衡点と呼ぶ。このナッシュ均衡点は，どちらの個人も相手の公共財の供給量を考慮して自らの効用が最大化するように自発的に公共財を供給している状態を表している。したがって，このときの個人aと個人bの公共財の供給量の和が私的財と公共財の2財の場合の自発的供給による社会全体の公共財の供給量である。

このナッシュ均衡点における公共財の供給量について考えてみよう。まず，ナッシュ均衡点Eは反応曲線上にあるため，各個人の私的財と公共財の限界代替率が私的財と公共財の価格比と等しくなっている。また，価格比は全ての個人で同じであることを考慮すると，ナッシュ均衡点では，次の関係が成り立っている。

$$MRS_a = MRS_b = 価格比(= MRT) \tag{6}$$

この(6)式は，2財とも私的財の場合の最適条件であり，(4)式のサミュエルソンの公式とは異なるため，ナッシュ均衡点はパレート最適ではないといえる。なお，ナッシュ均衡点Eでは各個人の公共財の供給量に関する無差別曲線が接していないことからもパレート最適ではないと指摘できる。

また，**図表2-6**におけるパレート最適な状態は，各個人の無差別曲線が接する点Aや点Bなどであり，このときの個人aと個人bの公共財の供給量の和が公共財の最適供給量である。この公共財の最適供給量と比較すると，ナッシュ均衡点Eでの公共財の供給量は過少供給であるといえる[5]。このように，私的財と公共財の2財の場合にも公共財の自発的な供給では，最適供給は達成されず過少供給となる。そして，その原因は公共財のみの場合の自発的供給と同様にフリーライダーの問題が生じるためである。

第2章　公　共　財

第6節　リンダール均衡

　自発的な公共財供給では，最適な供給は達成されず過少供給になることがわ
かった。そこで，公共財の最適供給を達成する手段として，リンダールによっ
て考えられたメカニズムを紹介する。

　リンダール・メカニズムでは，公共財供給に対して政府が介入し，公共財の
最適供給を達成しようとする考えであり，そのメカニズムは次のようなもので
ある。まず，政府は各個人に公共財を供給するための費用の負担率を提示する。
次に，各個人は費用の負担率を考慮して自らの望む公共財の供給量を政府に申
告する。そのとき，政府は申告された各個人の望む公共財の供給量が一致しな
ければ，再び各個人に費用の負担率を提示し，各個人の望む公共財の供給量を
申告させる。そして，政府は各個人の望む公共財の供給量が一致するまで費用
の負担率を繰り返し提示する。

　このリンダール・メカニズムを前節と同様に，私的財と公共財の2財から効
用を得ている個人aと個人bの2人が存在する社会で考えよう。このとき，社
会には2人しかいないため，公共財供給の費用は2人で全て負担する。つまり，
個人aの費用の負担率をhとすると，残りの費用を個人bが負担するため個人
bの費用の負担率は$(1-h)$である。したがって，公共財の価格をp_Gとし，公
共財の供給量がGであった場合の公共財供給の費用は$p_G G$で表されるため，
個人aが負担する費用は$h p_G G$であり，個人bが負担する費用は$(1-h) p_G G$で
ある。また，私的財の価格をp_x，個人aの私的財の消費量をx_a，個人aの所得
をI_aとすると，個人aの予算制約式は$I_a = p_x x_a + h p_G G$と表すことができる。
そのため，個人aの予算制約線の傾きは$h \frac{p_G}{p_x}$となる。同様に，個人bについ
て考えると，個人bの予算制約線の傾きは$(1-h) \frac{p_G}{p_x}$となる。

　図表2-7の上図には個人aの予算制約線と無差別曲線が描かれている。個
人aの費用の負担率がh_1のときの最適消費点は点E_1であり，個人aが望む公
共財の供給量はG_a^1となる。また，個人aの費用の負担率がh_2に低下したとき

31

の最適消費点は点E_2であり、個人ａが望む公共財の供給量はG_a^2に増加する。このときの個人ａの費用の負担率に応じた個人ａが望む公共財の供給量の関係は**図表２－７**の下図で表され、この曲線をリンダール反応曲線と呼ぶ。なお、個人ａの費用の負担率と個人ａが望む公共財の供給量に関する無差別曲線を描くと、この無差別曲線の頂点はリンダール反応曲線と交わり、個人ａの費用の負担率が低い無差別曲線ほど効用は高くなる。同様に、個人ｂのリンダール反

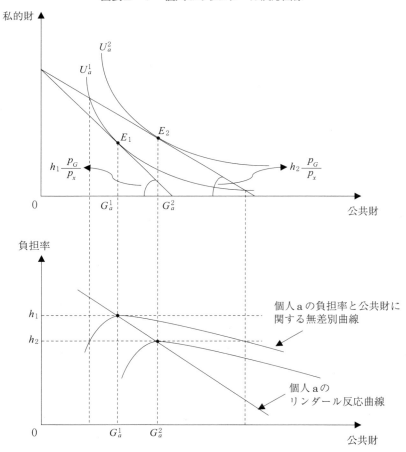

図表２－７　個人ａのリンダール反応曲線

応曲線を求めることができる。

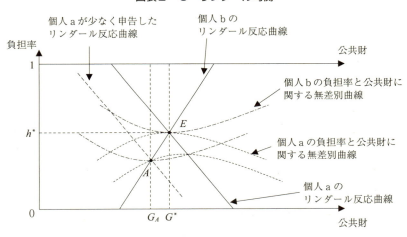

図表２－８ リンダール均衡

　図表２－８は２人の個人のリンダール反応曲線を同時に描いた図である。この図の２つの反応曲線の交点Eはリンダール均衡点と呼ばれ，リンダール・メカニズムによって決定される各個人の費用の負担率と公共財の供給量を表している。このリンダール均衡点Eでは，各個人の無差別曲線が接しているため，公共財の供給量はパレート最適であると指摘できる。また，リンダール反応曲線上の点は最適消費点から求められるため，リンダール均衡点Eでは各個人の限界代替率と各個人の予算制約線の傾きは等しくなっている。そのため，個人aと個人bのそれぞれで次の式が成り立っている。

$$MRS_a = h \frac{p_G}{p_x} \tag{7}$$

$$MRS_b = (1-h) \frac{p_G}{p_x} \tag{8}$$

(7)式と(8)式から次の式を求めることができる。

$$MRS_a + MRS_b = \frac{p_G}{p_x} \, (= MRT) \qquad\qquad (9)$$

この(9)式が(4)式のサミュエルソン条件と一致することからも，リンダール均衡点の公共財の供給量はパレート最適であると指摘できる。

　しかしながら，リンダール・メカニズムでは必ずしも最適な公共財供給が達成されるとは限らない。公共財ではただ乗りができるため，個人aが費用の負担を減らす目的で，自らが望む公共財の供給量を少なく申告したとしよう。すると，**図表2－8**の個人aのリンダール反応曲線は左方向にシフトし，均衡点は点Aに変わる。このとき，公共財の供給量はG_Aに減少し過少供給となるため，最適供給が達成されず，社会全体の資源配分は非効率になってしまう。その一方で，個人aの無差別曲線は下方向にシフトすることから，個人aの効用は正しく申告したときに比べ高くなる。そのため，各個人には自らが望む公共財の供給量を少なく申告するインセンティブがあると指摘できる。つまり，フリーライダーの問題により，各個人は自らが望む公共財の供給量を少なく申告するインセンティブを持つため，リンダール・メカニズムでは最適な公共財供給が達成できない可能性がある。

　そこで，各個人に正しく申告するインセンティブを与え，フリーライダーの問題を解決する手段に，クラーク税と呼ばれる方法がある[6]。クラーク税では，各個人に正しく申告するインセンティブを与えることができるが，公共財を供給する際の収支が均衡せず，公共財供給がパレート最適でなくなってしまう問題があるとされている。また，リンダール・メカニズムやクラーク税による調整を全ての公共財で全ての国民に対して実際に行った場合，莫大な費用と時間がかかることが予想されるため，現実的には不可能であるといえる。

第2章 公 共 財

〔注〕
1) **図表2-1**の分類の他に，価値財と呼ばれる概念もある。価値財の説明については，竹内（2007）や林・玉岡・桑原（2015）を参照されたい。
2) 下図の個人 b の消費可能曲線は，上図の公共財の各供給量のときの生産可能曲線と個人 a の無差別曲線の垂直方向の距離の差を表している。
3) 数式によるサミュエルソンの公式の導出については，柴田弘文・柴田愛子（1988）や土居（2002）を参考にされたい。
4) **図表2-5**の上図の点 D は，個人 b の公共財の供給量が g_b^2 である場合に個人 a の効用が点 E_1 と同じ U_a^1 を達成できる私的財と公共財の消費の組合せを表している。したがって，**図表2-5**の下図の点 E_1 を通る無差別曲線は，同じ効用水準である点 D も通っている。
5) 私的財と公共財の場合の自発的供給が過少供給となる点についての数式による説明は土居（2002）を参考にされたい。
6) クラーク税のメカニズムについては，竹内（2007）や土居（2002）を参考にされたい。

〔参考文献〕
柴田弘文・柴田愛子『公共経済学』東洋経済新報社，1988年。
竹内信仁編著『スタンダード財政学（第2版）』中央経済社，2007年。
土居丈朗『入門公共経済学』日本評論社，2002年。
林宏昭・玉岡雅之・桑原美香『入門財政学（第2版）』中央経済社，2015年。

35

コラム1

教育問題はどうなっているのか？

　教育問題について，これまで経済学的な視点に立った議論は少なかった。教育の機能として，人間形成・社会的統合などが期待されることから，その分析も社会・文化といった側面からのアプローチが中心であった（経済企画庁，1998）。経済企画庁（1998）によれば，一般に，「経済学的な視点」から特定分野の問題にアプローチする場合，「希少な資金や人材が無駄なく利用されているか」，「所得格差を拡大させることはないか」という点に着眼する，とある。本章コラム1では，後者に注目しながら教育の問題を扱うこととする。

　コラム　図表1-1は，OECD諸国における国内総生産（GDP）に占める教

コラム　図表1-1　国内総生産（GDP）に占める教育機関への公的支出の割合（2014年）
　　　　　　　　小学校から大学までに相当する教育機関が対象

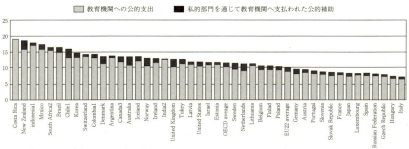

出所）　1　調査年は2015年である。
　　　　2　調査年は2013年である。
　　　　3　初等教育以前の教育も含む。
Countries are ranked in descending order of toial public expenditure on primary to tertiary education as a percentage of total govemment expenditure. Eurostat（2017），htmabre B4.1. 詳しい情報及び注については以下を参照。
（www.oecd.org/education/education-at-a-glance-19991487.htm）．

育機関への公的支出の割合である（OECD，2017）。

　教育機関への公的支出について，OECD諸国の平均が約10％であるのに対して，日本は約８％であり，OECD諸国の中でも低い値となっている。本コラムでは，比較的高い値となっている，メキシコ（約16％）とブラジル（約15％）に注目したい。

　メキシコの教育制度は幼稚園（３歳）から中等教育終了（18歳）までが義務教育である。2013年の法改正により，メキシコ人は自分の子どもを高校課程まで修了させることが義務化された。全国平均の就学率は年々高まっているが，家庭の経済的問題や設備・教員の補充などにかかわる制約から十分な教育を受けられずに中途退学する者も多い。なお，公立学校の授業料は無料である（外務省　諸外国・地域の学校情報　メキシコ）。

　ブラジルの教育制度は小学校（６歳）から中学校（14歳）までが義務教育である。２部，３部制で授業が展開されており，低所得者層の児童の留年率・退学率は高いと言われている（外務省　諸外国・地域の学校情報　ブラジル）。

　これらの国の共通点の１つとして挙げられるのが，所得格差が大きいことである。所得格差を表す代表的な指標としてジニ係数があるが，直近の値として，メキシコで0.459（2014年），ブラジルで0.470（2013年）である。メキシコは1994年にOECDに加盟したが，加盟以降もジニ係数は高い傾向にある。ブラジルは2017年にOECD加盟に申請を行っているが，ブラジルもメキシコ同様である。

　OECD（2014）によれば，所得格差は人的資本の蓄積を阻害することで，不利な状況に置かれている個人の教育機会を損なうと指摘している。所得格差を縮小するために，政府は，どのような政策を実施すればよいのだろうか。本コラムでは，メキシコやブラジルが実施した条件付現金給付政策に注目する。

　メキシコで実施されたプログレサとブラジルで実施されたボルサ・ファミリアは，条件付現金給付政策の代表的なものである。これまで，メキシコでは条件を付けない現金給付は実施されていたが，ある条件を付けることで，その条件が達成された場合のみ現金を給付するという政策を実施したのは，プログレ

コラム1　教育問題はどうなっているのか？

サが初めてである。1997年に開始されたプログレサの主な目的が子どもの就学
支援や乳幼児の健康に対する支援である。教育に対する支援を受ける条件は，
対象となる子どもが学校に85％以上出席することである。また，健康に対する
条件は，定期的に医療機関で受診することである。選別方法は，対象地域を統
計的データ等で選別した後，その地域の貧困世帯の中から選ばれる仕組みであ
る。その世帯の小学校3年生から中学校3年生までの生徒には現金が給付され
る。学年が上がるにつれて給付額も上がり，中学になると，男女によっても給
付額が異なり，女子生徒の方が給付額は多い。

　プログレサが就学率に与えた効果について，Rawlings and Rubio（2005）に
よれば，男子小学生の就学率は0.74％から1.07％へ，女子小学生の就学率は
0.96％から1.45％に上昇した。また，女子中学生の就学率は7.2％から9.3％へ，
男子中学生の就学率は3.5％から5.8％上昇した。

　このような子どもの就学を条件とした現金給付政策は，従来型の供給サイド
のプログラムと異なり，需要サイドのプログラムであるとの評価もある。従来
型の供給サイドのプログラムとは，学校への補助，医療センター建設や他の社
会サービスの提供を意味する（Rawlings and Rubio, 2005）。条件付現金給付政策
は需要サイドに立つ市場原理を信頼したプログラムであるといえる。

　条件付現金給付政策の利点の1つは，少ない予算で効果的な政策が実施でき
ることである。

　以下は，Das et al（2005）による議論である[1]。**コラム図表1－2**は標準的
なミクロ経済学の枠組みで，家計における条件付現金給付政策を示したもので
ある。家計は2つの財，ここでは教育（X財とする）と他の財（Y財とする）を
消費することができるとする。最適消費点は家計の予算制約式AB上に存在す
ると仮定する。たとえば，もし家計が自身の所得をすべて教育（X財）に配分
すれば，点Bが選択される。同様に，もし家計が自身の所得をすべて他の財
（Y財）に配分すれば，点Aが選択される。

39

コラム 図表１−２

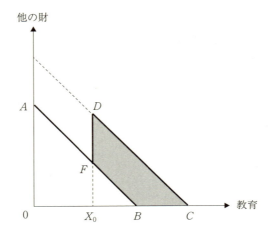

　コラム図表１−１より，条件付現金給付政策が実行された後の予算制約式はAFDCとなる。すなわち，家計がX_0以上の教育を選択すれば，追加的な所得として，四角形FBCDを得ることができ，予算制約式としてDCとなる。しかしながら，もし家計がX_0以下の教育を選択すれば，追加的な所得移転は受けられないし，予算制約式もABのままである。以上により，X_0は条件を表している。つまり，X_0以上の教育を選択することで，追加的な所得を得ることができる。

　ここで，３つのタイプの家計を考えてみよう。Type 1 の家計，Type 2 の家計，Type 3 の家計と呼ぶことにする。**コラム図表１−２**は，３つのタイプの家計における無差別曲線である。Type 1 の無差別曲線は実線で，Type 2 の無差別曲線は点線で，Type 3 の無差別曲線は一点鎖線で表すことにする。それぞれの家計における教育と他の財の選好は非常に異なると仮定する。また，教育は上級財であることを仮定する。**コラム図表１−２**より，最適消費点は，それぞれ，E_1，E_2，E_3とする。

コラム１　教育問題はどうなっているのか？

コラム 図表１−３

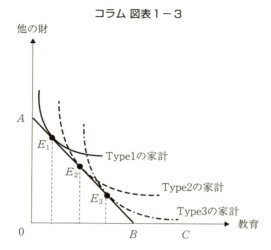

Type１の家計について考えよう（**コラム図表１−４**）。Type１の家計は，条件付現金給付政策に参加していない。つまり，教育はX_0以下である。したがって，予算制約式はABのままである。

コラム 図表１−４

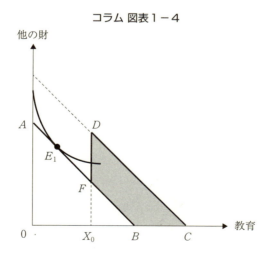

41

コラム図表1-5はType2の家計の無差別曲線である。条件付現金給付政策に参加する前の予算制約式はABであった。最適消費点はE_2である。すなわち、教育はX_0以下である。このとき、Type2の家計が条件付現金給付政策に参加すると、最適消費点は点Dとなり、教育はX_0に増える。予算制約式もDCとなり、家計の所得が増えたことになる。

コラム 図表1-5

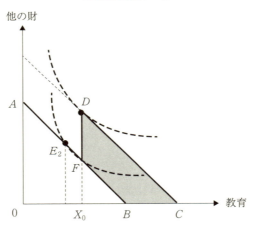

コラム 図表1-6

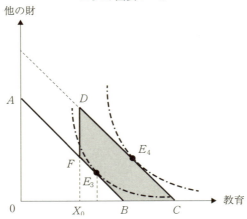

コラム１　教育問題はどうなっているのか？

　コラム図表１－６より，Type３の家計は，条件付現金給付政策の導入前からX_0以上の教育を選択している。条件付現金給付政策に参加すると最適消費点はE_3からE_4となり，効用が上がり，所得が増える。

　以上のように，X_0以上の教育選択を促すインセンティブとして，条件付現金給付政策は有効なものであると言えよう。また，条件をつけない現金給付政策よりも少ない予算で実行できる。

　この条件付現金給付政策はターゲットとする対象者を正確に選別できるかどうかが重要な問題となる。プログレサの場合，２段階の選抜を行うことで，ターゲットを絞り込み，また，条件を満たしたかどうかのモニタリングを行うことによって，効率性を向上させている。

　メキシコやブラジルにおける条件付現金給付政策の成功により，ラテンアメリカ諸国をはじめとして，この政策が広く世界各国で導入されている。

〔参考文献〕

経済企画庁経済研究所編『エコノミストによる教育改革への提言』大蔵省印刷局 1998。

浜口伸明，高橋百合子「条件付き現金給付による貧困対策の政治経済学的考察：ラテンアメリカの事例から」『国民経済雑誌』第197巻第３号，49-64頁，2008。

Das, J., Do, Q. T., and B. Özler, Reassessing conditional cash transfer programs. The World Bank Research Observer, 20 (1), 57-80, 2005.

Rawlings, L. B., and G.M. Rubio, Evaluating the impact of conditional cash transfer programs. The World Bank Research Observer, 20 (1), 29-55, 2005.

OECD, Focus on Inequality and Growth, December 2014.

OECD, Education at a Glance 2017：OECD Indicators, OECD Publishing, Paris, 2017.

第3章　公　　　債

第1節　公債の定義

　公債とは，政府の公的債務で金銭債務を指す。狭義には，その内の債券発行を通じて行う借入れ，または発行された債券そのものを指す。この場合の政府は，国，政府関係機関，特殊法人，地方公共団体などであり，国債のほか，政府保証債，財投債，地方債も公債ということになる。公債は国債よりも広い概念で用いられる一方で，財政法上での公債は，国の金銭債務のうち，借入金，政府短期証券以外の資金調達手段の一形態で，通常は償還期限1年以上の国債を意味している[1]。そこで本章では，まず，公債のうち国債を扱うことにする。その後に，政府の債務としての公債を扱うことにする。

第2節　国　　　債

1　国債の種類

　図表3−1からわかるように，国債は様々な観点から，(1) 償還期限，(2) 債券形態，(3) 発行根拠法，(4) 発行目的，(5) 起債地，などで分類される。現在，発行されている国債は，短期国債（1年），中期国債（2年，5年），長期国債（10年），超長期国債（20年，30年，40年），物価連動国債（10年），個人向け国債（固定3年，固定5年，変動10年）に分けられる。短期国債は，途中で利子が支払われずに，満期時に額面全額で償還される割引国債である。物価連動国債は，利率は固定されている一方で，物価に連動して元本と利子が増減する国債である[2]。個人向け国債（10年）を除く，その他の国債は満期までの半年ご

45

図表３－１　国債の種類

種　別		概　要	備　考
償還期限	超長期国債	償還期限15年, 20年, 30年, 40年	利付国債(40年もの) 利付国債(30年もの) 利付国債(20年もの) 変動利付国債(15年もの)
	長期国債 中期国債	償還期限10年 償還期限２年, ５年	利付国債(10年もの) 利付国債(５年もの) 利付国債(２年もの)
	短期国債	償還期限１年	国庫短期証券(T-Bill： Treasury Discount Bills)
	個人向け国債	償還期限10年, ５年, ３年	変動利付国債(10年もの) 固定利付国債(５年もの) 固定利付国債(３年もの)
	物価連動国債	償還期限10年	物価変動国債(10年もの)
債券形態	利付国債 割引国債 割賦償還制国債	償還期限までに定期的に利払いを約束 償還期限までの利子相当額があらかじめ額面金額から差し引かれて発行 元利金の償還を割賦の方法で行う	年２回払い 遺族国庫債券等
発行根拠法	建設国債 特例国債 年金特例国債 復興債 借換債 財投債	財政法第４条第１項 特例公債法等 財政運営に必要な財源の確保を図るための公債の発行に関する法律 東日本大震災からの復興のための施策を実現するために必要な財源の確保に関する特別措置法 特別会計に関する法律第46条第１項, 第47条 特別会計に関する法律第62条第１項	
発行目的	普通国債 政府短期証券 交付国債及び出資・拠出国債	国の収入となり国の経費をまかなう 国庫の日々の資金繰りをまかなう 国の支払いの手段でもあり国の収入とならない	遺族国庫債券, IMF通貨代用証券等
起債地	内国債	国内で発行する	
	外国債	国外で発行する	

(出所)　窪田修 編著（2016）「図説　日本の財政（平成28年度版）」東洋経済新報社
　　　pp. 219を参考に筆者作成。

とに発行時に決まっていた利率で計算された利子が支払われ，満期時に額面全額で償還される固定利付国債である。

　発行根拠法によって名称が異なる普通国債は**図表３－２**にあるように，建設国債，特例公債，復興債，借換債，財政投融資特別会計国債（財投債）がある。建設国債と特例公債は一般会計で発行され，発行収入は一般会計予算の歳入の一部になる。復興債は東日本大震災特別会計で，借換債は国債整理基金特別会計で，財投債は財政投融資特別会計で発行され，発行収入はそれぞれの特別会計の歳入の一部になる。

　建設国債とは，財政法第４条第１項のただし書きに基づいて公共的な事業の必要資金を得るために発行される国債のことで，国会の議決を経た金額の範囲内で発行できる[3]。特例国債とは，建設国債を発行しても歳入不足が見込まれる場合に，公共事業以外の歳出に充てる財源を調達することを目的に，特別の法律によって発行される国債のことである。この国債は性質により赤字国債と呼ばれることもある。建設国債と特例国債は，基本的に60年償還ルールに基づいて，普通国債の償還額の一部を借り換えるための資金調達に借換債が発行される。詳しくは，国債の償還で改めて説明する。

図表３－２　国債の発行根拠別分類

国債	普通国債	建設国債
		特例国債
		復興債
		借換債
	財政投融資特別会計国債（財投債）	

　復興債とは，東日本大震災からの復興のための施策を実施するための必要な財源の確保するために，平成23年度から平成32年度まで復興特別税が課されており，これらの財源が入るまでのつなぎとして発行される。国会の議決を経た金額内で発行され，平成24年度以降は特別会計予算総則に計上されている[4]。

　財投機関債とは，政府関係機関や特殊法人等が発行する債券のうち，政府が

元本や利子の支払いを保証していない債券のことをいう。政府保証債とは，政府関係機関や特殊法人等が発行する債券のうち，政府が元本や利子の支払いを保証しているものをいう。財政投融資特別会計国債（財投債）とは，財投機関債と政府保証債のいずれによっても調達のできない機関は，財務省が国債を発行して資金を用立てる。この国債が財投債である[5]。財投債の発行収入は，財政投融資特別会計（財政融資資金勘定）の歳入の一部となり，歳出として財政融資資金に繰り入れられる。通常の国債（普通国債）と同じで，発行も通常の国債と合わせて行われているため，金融商品として見た場合，通常の国債と全く変わらない。

2　国債の発行方式

国債の発行方式には，公募入札方式，個人向け販売方式，日銀乗換などで行われ，市中消化されることが原則になっている[6]。戦前・戦中に大量の国債発行が日本銀行引受けによって実施され，マネーサプライの増加を通じた猛烈なインフレーションを経験したことから，財政法第5条では，国債の日本銀行引受けによる国債発行を原則，禁止している。

3　国債の償還

国債の償還は，一般会計と特別会計で発行されるすべての国債について，一般会計からの繰入資金や，定率繰入，借換債の発行収入金等を償還財源として，国債整理基金特別会計で行っている。また，東日本大震災復興特別会計で発行する復興債や財政投融資特別会計で発行する財投債など，他の特別会計における公債，借入金等の償還・利払い等についても，国債整理基金特別会計で一元的に管理されている[7]。

第3章　公　　債

図表３－３　一般会計から国債整理基金特別会計への繰入

定率繰入	特別会計に関する法律第42条第２項により，前年度期首国債総額の100分の1.6の金額を繰り入れる。建設国債，特例国債のみが対象。
剰余金繰入	財政法第６条第１項により，一般会計の決算上の剰余金は発生した場合に，その金額の２分の１を下らない金額を，剰余金の発生した年度の翌々年度までに繰り入れる。
予算繰入	特別会計に関する法律第42条第２項により，必要に応じて予算で定める金額を繰り入れる。

　一般会計から国債整理基金特別会計への繰り入れは**図表３－３**にあるように，主に，定率繰入，剰余金繰入，予算繰入の３つである。

　償還方法として，建設国債と特例国債に適用される60年償還ルールがある。60年という年数には，建設国債による建築物などの平均的な効用発揮年数が概ね60年であることから，この期間内で償還を行えばよいという考え方が採用されている。この考え方から，毎年度の定率繰入の繰入率がほぼ60分の１に該当する100分の1.6とされている。

　60年償還ルールを**図表３－４**をもとに紹介しよう。**図表３－４**では，ある年度に600億円の国債を10年固定利付国債で発行したと仮定している。10年後の満期時には100億円を償還し，残りの500億円は借換債を発行する。この500億円の借換債も10年固定利付債で発行すると，さらに10年後の時点では借換債の500億円のうち，当初発行額である600億円の６分の１の100億円を償還し，残りの400億円は再び借換債を発行する。これを繰り返すことで，当初発行から60年後にすべて償還される。

　毎年度の定率繰入額は前年度期首の国債発行残高で計算される。国債発行残高が低下するにつれて定率繰入額が減少するため，定率繰入だけでは現金償還額をまかなえなくなる。このために，**図表３－４**にあるように，不足分額分を剰余金繰入や予算繰入などを組み合わせて償還する。

49

図表３－４　国債の60年償還ルール

償還額
600

現金償還

建設国債・特例国債 | 100 | 100 | 100 | 100 | 100 | 100

借換債

| | 500 | 400 | 300 | 200 | 100 | 100 |
| 発行 | 10年後 | 20年後 | 30年後 | 40年後 | 50年後 | 60年後 |

定率繰入額	2～11年後	12～21年後	22～31年後	32～41年後	42～51年後	52～61年後
	600×1.6%×10＝96	500×1.6%×10＝80	400×1.6%×10＝64	300×1.6%×10＝48	200×1.6%×10＝32	100×1.6%×10＝16
不　足　額	4	20	36	52	68	84

（出所）　財務省（2016）『債務管理リポート（2016）』pp.72を参考に筆者作成。

第３節　日本の国債の現状

　図表３－５を見る通り，日本の国債の発行残高が800兆円を超えている。国債の発行残高が大きいことは，**図表３－６**のここ数十年間の国債発行額と公債依存度から明らかである。国際比較のために**図表３－７**，**図表３－８**を見ても，日本は各年度の財政赤字の度合いも大きく，結果として，国債残高はかなり大きい[8]。財政赤字の拡大や債務残高の増大は，将来世代への負担，国債費増大による政策的経費の圧迫や予算の自由度の低下，政府への信認の低下などの問題点が指摘されている。そのため，財政赤字を解消するための財政再建化が望まれている。財政再建化の議論を理解するために，まず，財政収支と基礎的財政収支を説明する[9]。

　財政収支は税収・税外収入から債務償還費を除く歳出との差で，

第3章　公　　債

$$財政収支＝税収・税外収入 － （歳出総額 － 債務償還費）$$
$$＝債務償還費 ＋ 税収・税外収入 － 歳出総額$$
$$＝債務償還費 － 国債発行額$$

となる。財政赤字とは，財政収支がマイナスになっていることを示している。なお，国債費＝債務償還費＋利払費等であり，債務償還費は国債の元本の返済，利払費等は国債の利子の支払のことである。

　一方，基礎的財政収支とは税収・税外収入と国債費を除く歳出との収支のことで，

$$基礎的財政収支＝税収・税外収入 － （歳出総額 － 国債費）$$
$$＝国債費 ＋ 税収・税外収入 － 歳出総額$$
$$＝国債費 － 国債発行額$$
$$＝財政収支 ＋ 利払費等$$

となる。基礎的財政収支がゼロ，つまり借金を除いた税収などの歳入と，借金返済のための国債費を除いた歳出が均衡していれば，借金に頼らずに財政が運営できていることになる[10]。つまり，財政赤字と基礎的財政収支均衡と財政収支均衡には次の**図表３－９**のような関係にある。

51

図表3-5 国債残高の推移

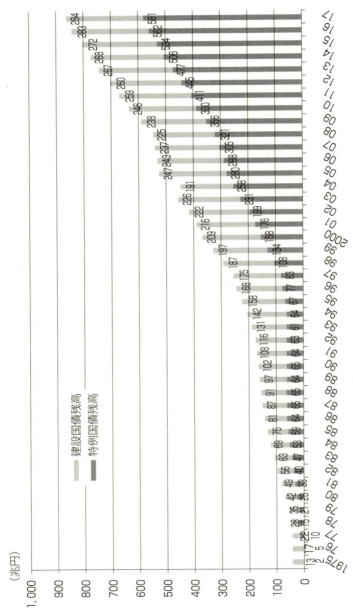

(出所) 財務省ウェブページより筆者作成。

第3章 公　　債

図表3－6　国債発行額と公債依存度の推移

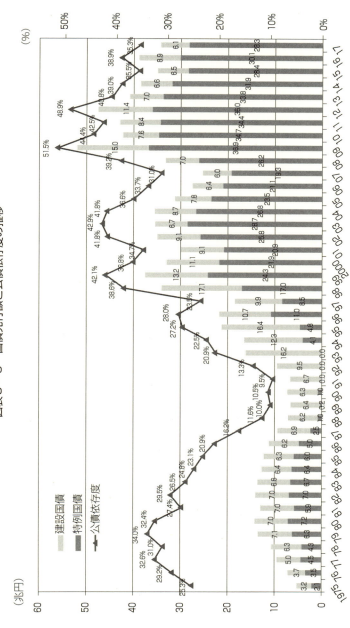

（出所）財務省ウェブページより著者作成。

図表3-7 一般政府債務残高（対GDP比）の国際比較

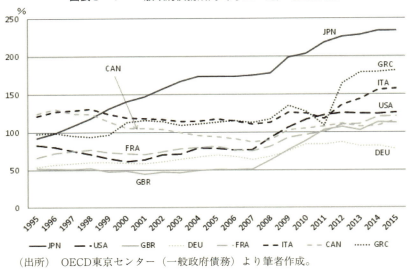

（出所） OECD東京センター（一般政府債務）より筆者作成。

図表3-8 一般政府赤字（対GDP比）の国際比較

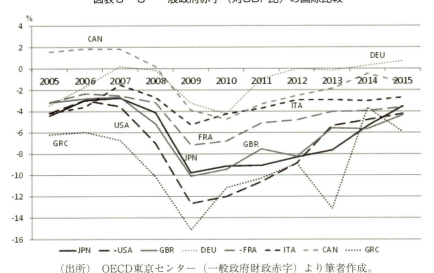

（出所） OECD東京センター（一般政府財政赤字）より筆者作成。

第3章　公　　債

図表３－９　財政再建化のイメージ（各図の左側が歳入，右側が歳出）

財政収支赤字

国債	債務償還費
財政収支（赤字）{	利払費
	PB赤字
税収	政策的経費

→ PB均衡

PB 均衡

国債	債務償還費
財政収支（赤字）{	利払費
税収	政策的経費

→ 財政収支均衡

財政収支均衡

国債	債務償還費
PB黒字	利払費
税収	政策的経費

（出所）　財務省（2017）「日本の財政関係資料（平成29年４月）」pp.44を参考に筆者作成。

　さて，**図表３－９**の財政再建化のイメージをより理解するために，ドーマー条件と呼ばれる政府債務の増減に関する直観的な式を導出してみる[11]。B を期末の政府債務残高，G を政府の歳出，T を税収，Y を GDP，r を利子率，g を一定の経済成長率，添え字を時点とすると，t 時点の政府の予算制約式は，

$$\dot{B}_t = G_t - T_t + rB_t$$

と表される[12]。ここで，$b_t = B_t/Y_t$ として，時間 t で微分すると，

$$\dot{b}_t = \frac{\dot{B}_t Y_t - B_t \dot{Y}_t}{Y_t^2} = \frac{\dot{B}_t}{Y_t} - \frac{B_t}{Y_t} \cdot \frac{\dot{Y}_t}{Y_t}$$

となる。また，$g = \dot{Y}_t/Y_t$ なので，

$$\dot{b}_t = \frac{G_t - T_t + rB_t}{Y_t} - g\frac{B_t}{Y_t}$$

$$= \frac{G_t - T_t}{Y_t} + (r - g)\frac{B_t}{Y_t}$$

となる。左辺は公債残高対GDPの増減を示し，右辺の第１項はプライマリー・

55

バランス赤字対GDPを，第2項は経済成長率と利子率の大小関係で公債残高対GDPが増減することを示している。

プライマリー・バランス均衡であれば，公債残高の増減は利子率rと経済成長gの大小関係に依存することになる。$r<g$であれば公債残高は減少して財政は健全化し，$r=g$であれば時間を通じて公債残高は一定になり，$r>g$であれば公債残高が増加して財政破綻へ向かう。$\dot{b}$が確実に負になる，つまり，公債残高を効率的に減少させるためには，プライマリー・バランス黒字（$G-T<0$）で，経済成長率が利子率を上回る（$r-g<0$）ことが必要となる。プライマリー・バランス黒字化には歳出削減と増税が必要になるだろう。また，経済成長率を引上げる政策と利子率を低く抑える政策が必要となる[13]。

第4節　公債の負担

1　公債負担の理論

公債の負担に関する伝統的な議論についてみていこう。まず，新正統派の見解からである。図表3−10を用いて説明しよう。

簡単化のために利子率はゼロとし，現在も将来も民間の利用可能な資源が300あるものとする。内国債の場合，現在に公債100が発行されると，その資源が政府に移転する。民間の資源は200になるが政府が100保有しているため，一国内での利用可能な資源は300のままで，公債発行の前後の資源量は変化がない。将来では100の公債の償還が行われ，その財源は民間からの租税である。図表3−10にあるように，納税した100の資源が政府から民間に移転するだけである。つまり，利用可能な資源という観点からは，内国債の発行では負担が存在しない。

一方，外国債の場合，現在に公債100が発行されると，外国からの資源100が国内に移転され，国内の利用可能な資源は400になる。ところが，将来での公債の償還は国内の資源100が納税され，その資源は海外へ移転するため，一国内の利用可能な資源は200となり，資源量が200に減少する。つまり，利用可能

な資源という観点からは，外国債の発行だと将来に負担が転嫁されることになる。

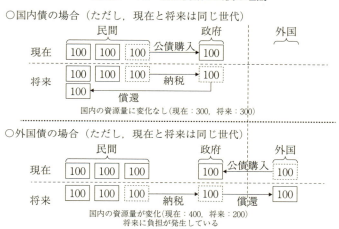

図表3－10　新正統派の公債の理論

（出所）　本間正明 編著（1998）『ゼミナール 現代財政入門』日本経済新聞出版社 pp.100を参考に筆者作成。

　新正統派の理論で注意しなければならない点がある。第1に，公債の負担を利用可能な資源に求めていることである。第2に，公債の発行時と償還期で世代をまたいだときには複雑な議論になってしまうことである。この2つめの問題点に注目し，世代の観点から公債の負担の議論をしたのが，ボーエン＝デービス＝コップの公債負担論である。

　ボーエン＝デービス＝コップは公債の負担を各世代の消費能力に求めた。**図表3－11**を用いて説明しよう。一時点に年長の世代1と年少の世代2の複数の世代が共存しているとする。どちらの世代も公債が発行される前には200の消費能力があるときに，公債100が発行され，世代1が購入したとする。そのままでは世代1の消費能力は減少する。しかし，世代1は購入した公債を世代2に売却できる。結果として，世代1の民間の消費能力は200のままで変化し

ない。

　世代2は公債の償還100を受ける。しかし、世代2は公債の償還のために納税100をするため、公債償還と納税が相殺される。結局、世代2の民間の消費能力は公債発行前の200から発行後には100に減少する。つまり、公債の負担は世代1から世代2に転嫁され、負担することになる。公債の負担は民間部門の消費の減少でまかなわれている。なお、この議論での公債の負担は、租税によって償還される時点でその世代が負担することになる。

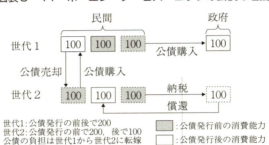

図表3－11　ボーエン＝デービス＝コップの公債の理論

（出所）　本間正明 編著（1998）『ゼミナール 現代財政入門』日本経済新聞出版社 pp.102を参考に筆者作成。

　公債の負担は、将来の生産力が減少することである、としたのが、モディリアーニである。経済が完全雇用の状態にあると仮定する。この状況での政府支出の増加は、**図表3－12**の(1)式にあるように、民間消費や民間投資が減少しなければならない。

　(2)式のように税収が一定で政府支出の増加分を公債発行でまかなうとしよう。このとき、民間消費は可処分所得のみに依存し、政府支出の増減とは無関係とする（(3)式）と、モディリアーニの命題と呼ばれる(4)式が成立する。(4)式は、公債発行はそれと同額の民間投資の減少となることを示している。

　(5)式のように政府支出の増加分が租税でまかなわれるとしよう。このとき、租税の増加分と同額の可処分所得が減少し、限界消費性向を乗じた分だけ消費

は減少する（(6)式）ため，(7)式が成立する。(4)式と(7)式を比較すると，公債発行でまかなわれる方が$c\Delta G$だけ民間投資を減少させる。結果として，資本蓄積が抑えられ，生産の縮小を通じて，将来の利用可能資源が減少することを，公債発行の負担と捉えている。

図表3－12　モディリアーニの公債の理論

$$\Delta G = -(\Delta C + \Delta I) \cdots (1)$$

公債発行による政府支出増加
$$\Delta G = \Delta D \cdots\cdots (2)$$

民間消費は政府支出の増減に無関係

$$\Delta C = 0 \cdots\cdots (3)$$

(1)，(2)，(3)式により
$$\Delta G = \Delta D = -\Delta I \cdots\cdots (4)$$

租税調達による政府支出増加
$$\Delta G = \Delta T \cdots\cdots (5)$$

増税による民間消費の減少分
消費関数：$C = c(Y-T) + C_0$
$$\Delta C = -c\Delta T = -c\Delta C \cdots\cdots (6)$$

(1)，(6)式により
$$\Delta G - c\Delta G = -\Delta I \cdots\cdots (7)$$

C：消費　　I：投資　　G：政府支出　　T：租税
D：国債　　c：限界消費性向

（出所）　本間正明 編著（1998）『ゼミナール 現代財政入門』日本経済新聞出版社
pp.103を参考に筆者作成。

公債の負担を個人レベルの観点から，公債償還のための租税の強制性であるとしたのが，ブキャナンである。公債は発行されると希望者が購入する。一方で，償還や利払いのために増税が行われる。租税は強制的で，回避できないため，効用や利用可能な資源を強制的に減少させることになる。

2　公債の中立命題

今までは，公債発行の負担が将来（または将来世代）に転嫁されるという議論を中心に紹介した。ここでは，公債発行によっても負担が将来世代に転嫁されないという，等価定理や中立命題を紹介する。公債の中立命題が成立するためには，人々が将来を正確に見通すことができる（完全予見）うえで，合理的に

行動する前提が必要になる。

　リカードは完全予見で合理的に行動する人々にとって，公債の発行と償還が
生存中に行われると，発行された公債がいつ償還されるか知っているため，そ
のことを織り込んで生涯を生きるだろうから，公債発行と租税による調達は差
がなく，同じ経済効果を持つと主張する。人生は所得を稼ぎながら消費する若
年期と，若年期の貯蓄を取り崩して消費する老年期の２期間として考え，**図表
３－13**を用いながら見ていこう。

図表３－13　リカードの等価定理

租税調達による政府支出増加

若年期（１期）の消費	$: C_1 = Y - S - T_1$	(1)
老年期（２期）の消費	$: C_2 = (1+r)S - T_2$	(2)
i期の政府の均衡予算（$i = 1, 2$）	$: G_i = T_i$	(3)

$$\text{生涯の予算制約式}: C_1 + \frac{C_2}{1+r} = Y - \left(G_1 + \frac{G_2}{1+r} \right) \qquad (4)$$

公債発行による政府支出増加

若年期の消費	$: C_1 = Y - S - D$	(5)
若年期の政府の均衡予算	$: G_1 = D$	(6)
老年期の消費	$: C_2 = (1+r)(S+D) - T_2$	(7)
老年期の政府の均衡予算	$: G_2 = T_2 - (1+r)D$	(8)

$$\text{生涯の予算制約式}: C_1 + \frac{C_2}{1+r} = Y - \left(G_1 + \frac{G_2}{1+r} \right) \qquad (9)$$

　Y：所得　　S：貯蓄　　r：利子率　　C_i：第 i 期の消費（$i = 1, 2$）
　T_i：第 i 期の租税（$i = 1, 2$）　　　G_i：第 i 期の政府支出（$i = 1, 2$）

（出所）　本間正明 編著（1998）『ゼミナール 現代財政入門』日本経済新聞出版社
　　　pp.106を参考に筆者作成。

　租税による調達の場合，（3）式の１期と２期のそれぞれを（1）式，（2）式に
代入した式の２本から（4）式を得る。公債調達による調達の場合，（6）式を（5）

式に代入した式と，(8)式を(7)式に代入した式から，(9)式を得る。個人の予算制約式は，租税による調達の場合の(4)式と，公債発行による調達の場合の(9)式が同じになる。同じ世代で公債の発行と償還が行われるならば，公債と租税は同じ経済効果であることがわかる。これをリカードの等価定理という。

リカードは，同じ世代で公債の発行と償還が行われる，という前提で等価定理を主張した。しかし，公債の発行と償還が同じ世代で行われることは少ないのが現状であり，公債の償還は将来世代で行われている可能性がある。これに対して，世代を超えても，公債と租税は同じ経済効果を持つとするのがバローの中立命題である。バローは子孫の世代に公債の償還があるとその世代の負担になるため，現在世代が将来世代の負担を気遣って，遺産や教育投資などを増やすので，将来世代に負担はないというのがバローの中立命題である。つまり，親が子供や孫のために遺産などを残せば，リカードの等価定理は世代を超えて成立することになる。

図表3-14　中立命題成立時の外国債の負担

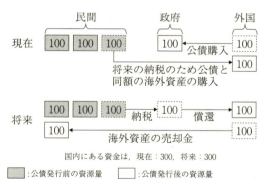

（出所）本間正明 編著（1998）『ゼミナール 現代財政入門』日本経済新聞出版社 pp.109を参考に筆者作成。

中立命題が成立すると，内国債と外国債の相違もなくなる。新正統派の公債の負担に関する**図表3-10**を中立命題が成立する場合に，外国債を発行する

ように書き換えた**図表3-14**を用いて説明する。外国債100の発行によって，将来のどこかで償還するための増税100があることを知っている。これに備えて現在時点で100を貯蓄するつもりで外国資産を購入する（**図表3-14**では貯蓄の借り手を想定していないため）。結果，現在時点では，一国内での資源量は300（民間保有の資源量は200）になる。将来時点では，政府は外国債の償還のため100の増税を行う一方で，民間は増税に備えた同額の海外資産を売却し，納税する。これにより，一国内の資源量は300（民間保有の資源量も300）となり，内国債の場合の負担と同様となり，内国債と外国債の違いはなくなる。

〔注〕

1) 政府短期証券には，財務省証券，外国為替資金証券，石油証券，食糧証券などがあり，償還期限は2か月，3か月，6か月，1年がある。

2) 平成25年度以降に発行されるものには，額面全額で償還される元本保証が設定されている。

3) ただし書きには，公共事業費，出資金および貸付金の財源は例外的に国債の発行または借入金により調達することを認めている。

4) 復興債は，復興特別税や政府保有株式の売却収入が順次，償還に充てられ，25年で全額償還することになっている。

5) この国債は経済指標の国際的な基準である国民経済計算体系（SNA）上では，一般政府の債務には分類されず，国および地方の長期債務残高にも含まれない。

6) 特別な事由がある場合，国会の議決を経た金額内で日本銀行による国債引き受けが認められている。これを日銀乗換という。現在，日銀が保有する国債の償還額の範囲内で借換債の引き受けを行っている。

7) 財投債は普通国債と同様の商品性ながらも，償還資金は財政融資資金の貸付回収金で賄われ，60年償還ルールも適用されない。

8) ただし，各国で財政制度が異なること，データ対象が中央・地方政府と社会保障基金が含まれた一般政府ベースであることに注意が必要である。

9) 基礎的財政収支はプライマリー・バランス（Primary Balance）とも呼ばれる。

10) 基礎的財政収支を使った理論として，プライマリー・バランスの将来までの合計額を利子率で割り引いた現在価値が，現在の政府債務残高を下回れば財政破綻の状態と考えられる，などがある，

11) このドーマー条件とは，実際にはドーマーが示したものではない。

12) ここでの議論では，利子率は時間を通じて一定としている。

13) ここでの議論では，赤木（2016）を参考にしている。

第3章　公　　債

〔参考文献〕

赤木博文『財政学の基礎』多賀出版，2016年。

財務省『債務管理リポート（2016）』，2016年。

財務省『日本の財政関係資料（平成29年4月）』，2017年。

窪田修『図説　日本の財政（平成28年度版）』東洋経済新報社，2016年。

本間正明『ゼミナール　現代財政入門』日本経済新聞出版社，1998年。

Evsey D. Domar（1944）"The＂Burden of the Debt＂and the National Income"，*The American Economic Review*，Vol. 34，No. 4，pp. 798 - 827。

参考webページ（2017年7月1日現在）

財務省（予算・決算）http://www.mof.go.jp/budget/

財務省（国債）http://www.mof.go.jp/jgbs/

OECD東京センター https://www.oecd.org/tokyo/

第4章 所 得 税

　所得税は1799年にイギリスで導入されたのが始まりである[1]。日本では1887年に税負担の公平性を保ちつつ財源不足を補う目的で導入され，軍事費など歳出の拡大に伴ってその重要性が高まっていった。1989年に一般消費税が導入されて以降，徐々に税財源のウェイトは消費税にシフトしつつあるものの，未だに日本の税収の3割程度は所得税収で成り立っている。

　所得税は，住民税における均等割のような一括固定税とは異なり，担税力に応じて税負担額が変化する。特に累進所得税は所得に応じて平均税率が高くなる。租税法律主義に基づいて税制を構築するには，まずそれが多くの国民から支持されなければならない。その意味では，垂直的公平性の観点から国民の支持を得られやすい所得税は主要な税財源に適しているといえる。

　しかし，所得税が公平性の観点で全く問題を持たないわけではない[2]。たとえば，所得金額だけに注目をして税を課す場合，疾病や介護，育児のような家庭や個人が抱える事情を考慮することはできない。もし公平な所得税を構築するために所得金額に表れない諸事情を汲み取ろうとすれば，税の構造は複雑にならざるを得ない。わかりにくい税制は国民の支持や納税意識の低下につながりかねない。

　また，所得税を課すには所得に関する情報が必要である。それらの大部分は個人の私的情報であり，徴税者にとって把握することが難しい。第三者が納税に関与する源泉徴収型の所得税であればこのような問題はある程度抑えられるものの，全ての職業に対して源泉徴収制度を適用させることは難しいので，クロヨンのような職業間の所得捕捉率格差が生じてしまう。同じ所得層において所得捕捉率格差が生じるとき，水平的公平性が損なわれてしまう。

　ところで，先に挙げたように，公平性を追究していくと税制が複雑になりか

65

ねない。複雑な税制は税務行政コストを引き上げたり，納税意識の低下に伴う税収減少を招くおそれがある。無駄なく効率的に徴税できる仕組み作りも税制を構築する上で重要なポイントとなる。また，税の効率性を考える上で額面上の経費だけに捉われるべきではない。高所得者層に対して高い税を課す税制を考えてみよう。このとき，高所得を獲得する機会や能力に恵まれた人は働くのをやめて，余暇を謳歌したほうが得だと考えるかもしれない。その結果として，当初の思惑通りに税収が集まらない上に，税がなければ働いていた人材が働かなくなる事態が生じてしまう。

　所得税に限らず税のあるべき姿を考えるには，まず税に対する納税者の反応を理解することが重要である。以下では，こうした視点を念頭に，所得税の特徴やあり方について説明する[3]。

第1節　所得税と労働意欲

　個人が限られた1単位の時間を余暇と労働に振り分け，獲得した労働所得を用いて消費を行う状況を考えよう。個人が1単位時間のうちhの割合を余暇に

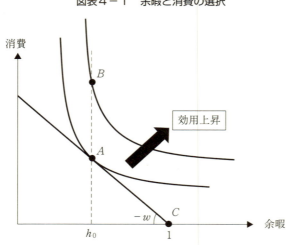

図表4−1　余暇と消費の選択

充て,残りの時間で賃金率wの仕事に従事するならば,個人の労働所得は$w(1-h)$となる。議論を簡単にするために,所得の源泉は労働のみとし,個人は将来の生活水準に関心を持たないものとする。

もし個人が全く働かなければ,余暇時間は1になるものの財の消費量はゼロになる。この状況は**図表4-1**における点Cで表される。この状況からはじめて少しずつ余暇を削って労働を増やしていくと,賃金率wに従って労働所得が増加し,消費が増加する。**図表4-1**における点Cを通る右下がりの直線（以下,予算制約線）は,個人が労働所得を全額消費に充てたときの消費と余暇の関係を表しており,この直線の傾き$-w$は,余暇に対する消費の相対価値を表している。

個人が消費と余暇から獲得する効用を,**図表4-1**のような無差別曲線で表す。無差別曲線は個人にとって選択が無差別となる消費と余暇の組み合せの軌跡であり,右上に位置するほど高い効用水準を表すという特徴を持つ。このことは,たとえば図中の点Aと点Bより,同じ余暇をとるならば消費量が多いほど個人の効用は高くなることで確認できる。

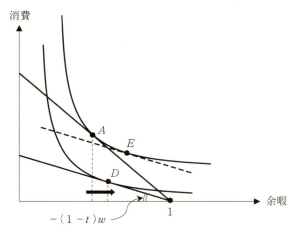

図表4-2 労働所得と労働意欲の変化

個人が将来の消費水準に関心を向けていないとき，個人は将来への貯蓄よりも現在の消費を優先する。このとき，余暇と消費に対する選択は**図4－1**の点Cを通る予算制約線上の点で決まる。個人は，予算制約線上の点のうち，自分の効用が最も大きくなるような選択肢を選ぶはずである。そのような選択肢は，予算制約線と無差別曲線が接する点Aで表される。

　さて，政府が税率$t(0<t<1)$の労働所得税を課すとしよう。**図表4－2**は，課税によって$(1,0)$の座標を軸に予算制約線が左に回転し，個人の選択が点Aから点Dにシフトすることを表している。税率を$t(0<t<1)$とすると，税引き後の賃金率は$(1-t)w$である。したがって，課税前に$-w$であった余暇に対する消費の相対価値は$-(1-t)w$に低下する。これは，予算制約線の傾きが緩くなることを示唆している。一方，時間には限りがあり，税のあるなしに関係なく，個人は働かなかったとしても最大で1単位の時間しか余暇をとれない。これは，課税によって$(1,0)$の座標が動かないことを意味している。

　図表4－2における点Aから点Dへのシフトは，課税とともに個人の余暇選択が増加することを表している。この個人の選択の変化は，点Dを通る予算制約線と平行な破線の上に位置する点Eによって2つのプロセスに分解できる。まず，無差別曲線を動かさずに，常に接点をもつように予算制約線の傾きを緩めていくことで，点Aは点Eにシフトする。次に，予算制約線は必ず座標$(1,0)$を通ることを考慮して予算制約線を下方にシフトさせ，それに合わせて無差別曲線も動かすことで，点Eは点Dにシフトする。

　点Aから点Eへのシフトは代替効果と呼ばれている。課税に伴って余暇に対する消費の相対価値が低下すると，個人は苦労して働くことよりも消費をあきらめて余暇をとることを選択するようになる。一方，点Eから点Dへのシフトは所得効果と呼ばれている。課税によって消費に回せるお金が減るため，課税前と同じ時間働いていては生活水準が悪くなってしまう。そのため，個人は労働時間を増やして生活水準を改善しようとする。

　所得効果と代替効果は相反する方向で余暇の選択に影響を与える。**図表4－2**では，代替効果が所得効果より強く働くため，課税に伴って余暇が増加して

いる。個人の消費と余暇に関する選好次第では代替効果が所得効果より小さくなる可能性もある。それでも、労働所得税の課税が労働意欲の低下につながる場合には、その大きな要因が代替効果と関連するといえるだろう。

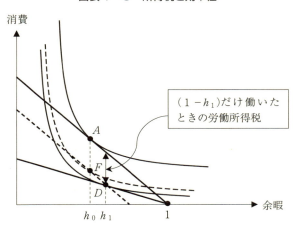

図表4-3　所得税と効率性

納税者が負担する所得税の金額を測ってみよう。**図表4-3**において、点Aを通る実線の傾きは$-w$であり、点Dを通る実線の傾きは$-(1-t)w$である。これらの傾きは、余暇を諦めて少しだけ多めに働いたときの手取りの所得の増分を表す。したがって、2つの実線の縦の高さの差は選択された余暇に対応する税負担額に相当する。たとえば、個人がh_1の余暇を選択するときの税負担額は図の点Dから伸びる矢印の長さ$tw(1-h_1)$で表される[4]。

ところで、政府による活動の財源を労働所得税に求めるのは妥当といえるのだろうか。この疑問に1つの答えを導くため、上述で示された税額$tw(1-h_1)$を所得とは無関係な一括固定税によって賄ってみよう。一括固定税とは、住民税における住民割のように、担税力に関係なく全ての納税者に一律で同じ税負担を求める形の税である。**図表4-3**で言えば、どれだけ働くのかに関係なく矢印の縦の高さに相当する税が徴収されるので、課税後の予算制約線は点Aを

69

通る実線と平行な点Dを通る破線で表される。

　点Aは課税前において個人がh_0だけ余暇を選択することを示している。もし一括固定税を課した後でも個人が余暇をh_0だけとり続けるならば，消費と余暇の組み合わせは点Fとなる。しかし，予算制約線と無差別曲線が一致していないため，点Fは個人にとって最適な消費と余暇の組み合わせとはいえない。個人にとって賃金率や時間の制約を動かすことはできなくても，自分が求める効用水準を変更することは可能である。したがって，個人は予算制約線に接するように無差別曲線を動かす形で自分にとって最適な消費と余暇の組み合わせを探し出すだろう。**図表４－３**より，そのような組み合わせを表す点は点Fより左上に位置することが予想できる。

　ここで点Fと点Dの位置に注目してほしい[5]。点Fを通る破線の無差別曲線は点Dを通る実線の無差別曲線よりも上に位置しており，点Dよりも点Fにおいて個人の効用水準が高いことがわかる。労働所得税と同じ税負担を求めているにもかかわらず，一括固定税の方が実現する効用水準が高いと言える。一括固定税の場合，予算制約線の下方シフトで表される所得効果は生じるが，代替効果は生じない。代替効果という歪みが生じない分だけ一括固定税は労働所得税より効率的であり，課税に伴う効用の低下をより小さく抑えながら納税額を徴収することができる。

　ただし，この結果は労働所得税よりも一括固定税の方が優れていることを必ずしも意味していない。一括固定税は担税力とは関係なくすべての個人に同じ税負担を求める。したがって，低所得者ほど所得に占める税負担の割合である平均税率が大きくなる。一括固定税は所得に対して逆進的な特徴を持ち，労働所得税に比べて明らかに垂直的公平性の観点で劣っているといえる。一般に効率性と公平性はトレード＝オフの関係にあるといわれ，一方を重視するともう一方が疎かになってしまう。効率性と公平性のバランスを保つような税制度の仕組みを構築することは容易ではないといえる。

第4章　所　得　税

第2節　累進所得税の特徴

　わが国の個人所得税は**図表4-4**に示されているような超過累進課税の構造を採っている。たとえば，ある人が500万円の課税所得を獲得しているとき，そのうち195万円については5％，次の330-195＝135万円については10％，残りの500-330＝170万円については20％の税率をかけ，それらを合計することで税額をもとめることができる。

図表4-4　日本の累進所得税（平成25年度税制改正に基づく）

対象所得金額	税率
195万円以下	5％
195万円を超え　330万円以下	10％
330万円を超え　695万円以下	20％
695万円を超え　900万円以下	23％
900万円を超え　1,800万円以下	33％
1,800万円を超え　4,000万円以下	40％
4,000万円超	45％

（出所）　財務省資料より筆者作成。

　超過累進所得税は一見すると複雑でわかりにくいものの，実際には比較的容易に所得税額を算出できる。たとえば，195万円から330万円の間に該当する課税所得x_1をもつ個人について考えてみよう。この個人に対する税額は次のように計算できる[6]。

$$T_1 = (x_1 - 195) \times 10\% + 195 \times 5\%$$
$$= x_1 \times 10\% - 195 \times 5\%$$

　x_1は195万円から330万円の間の値をとるので，課税所得が200万円の人も300万円の人も，自身の課税所得に10％をかけた上で195万円×5％＝9万7,500円を

71

差し引けば税額を算出できる。同様に，330万円から695万円の間に該当する課税所得x_2をもつ個人の税額は，次のように計算できる。

$$T_2 = (x_2 - 330) \times 20\% + (330 - 195) \times 10\% + 195 \times 5\%$$
$$= x_2 \times 20\% - (330 \times 10\% + 195 \times 5\%)$$
$$= x_2 \times 20\% - 427,500$$

以上のことから，各個人の所得税額は**図表４－５**に従って簡易的に算出することが可能である。

図表４－５　所得税額の早算表（平成25年度税制改正に基づく）

所得水準	税率	控除額（円）
195万円以下	5%	－
195万円を超え　330万円以下	10%	97,500
330万円を超え　695万円以下	20%	427,500
695万円を超え　900万円以下	23%	63,6000
900万円を超え　1,800万円以下	33%	1,536,000
1,800万円を超え　4,000万円以下	40%	2,796,000
4,000万円超	45%	4,796,000

（出所）　財務省資料より筆者作成。

さて，**図表４－５**で示される所得税は，課税所得の総額に応じて税率が引き上げられる単純累進所得税の構造を取っているように見える。それにもかかわらず，なぜ原理的に超過累進所得税という複雑な仕組みを採用する必要があるのだろうか。その理由の１つとして，単純累進課税は，高所得者に働くことをやめて所得階層を下げるような動機を与えかねないことが挙げられる[7]。

賃金率wで働く個人がt_1とt_2の税率から構成される累進型の労働所得税に直面している状況を考えよう。便宜的に$t_2 > t_1$とし，税率が切り替わる境界の課税所得をaとする。賃金率がwで固定されているので，課税所得aに対応する余暇水準はh_aで一定となる。

第4章 所　得　税

　図表4－6には2種類の累進課税における個人の選択が図示されている。**図表4－6**の(a)は単純累進課税下での個人の選択を図示したものである。最も上に位置する実線は課税前の予算制約線である。真ん中に位置する予算制約線はt_1の税率に対応したもので，最も下に位置する予算制約線はt_2の税率に対応している。実際には課税所得 a を境に税率が変化するので，予算制約線は点Aと点Bを通る不連続な実線で表される。

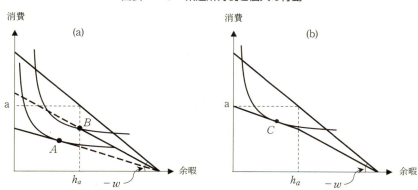

図表4－6　累進所得税と個人の行動

　一方，**図表4－6**の(b)は超過累進課税における個人の選択を表している。境界所得 a を上回る所得金額に対してt_1に数パーセントの税率が上乗せされた税率t_2がかけられる。そのため，課税所得 a に対応する余暇水準h_aのところで予算制約線が屈折している。

　図表4－6の(a)における点Aは，a よりも少し高い課税前所得を持つ個人が税率t_2に直面したときの消費と余暇の選択を表している。しかし，単純累進所得税における個人の最適な選択は点Aではない。税率がt_1になるまで所得を減らして余暇を増やし，点Bを選択した方が高い効用水準を得られるからである。単純累進所得税は境界付近の高税所得者に余暇を増やして下位の所得階層に移る動機を与えかねないと言える。

73

超過累進所得税について，境界付近の高所得者が同じような動機を持つかどうか考えてみよう。**図表4－6**の(b)における点Cは，そのような個人が超過累進所得税に直面したときの選択を示している。もしこの個人がt_2という高い税率を回避するには，自らの効用水準を引き下げなければならない。したがって，境界付近の高所得者は下位の所得階層に移るために余暇を増やそうとはしない。

　図表4－6の二つの図を見比べると，(a)のt_2の税率に対応する予算制約線を上方に平行シフトさせることで(b)の予算制約線が得られることがわかる。このことは，単純累進課税の下で生じる所得階層の切り下げの動機を抑えるために，高所得者層に税控除を行った結果が超過累進課税であることを示唆している。

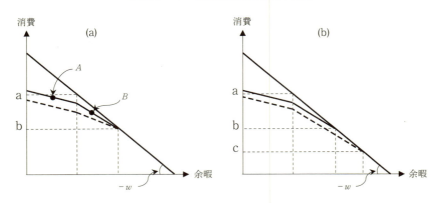

図表4－7　累進所得税と個人の行動

　図表4－4からも明らかなように，累進所得税の下では，税率だけでなく税率を適用させる対象の範囲をコントロールすることで増税や減税が可能である。**図表4－7**は超過累進課税における増税が予算制約線に与える影響を示している。当初，所得のうちb以下の金額は非課税（税率ゼロ），bよりも大きくa以下の金額には税率t_1，aよりも高い金額にはt_1よりも高い税率t_2を課している

第4章　所　得　税

ものとする。このときの予算制約線は**図表4−7**における屈折した実線で描か
れている。この状況からt_1を引き上げたときの予算制約線の変化が，**図表4−
7**(a)の点線で表される[8]。一方，境界所得水準bをcまで引き下げたときの
予算制約線の変化が，**図表4−7**(b)の点線で表される。

　図表4−3の説明より，任意の課税所得に対する税額は課税前の予算制約線
（傾きが$-w$の直線）と課税後の予算制約線の縦の差で表される。したがって，
図表4−7は，税率を上昇させても境界所得水準を引き下げても任意の課税所
得に対する所得税額が増加することを示している。また，どちらの増税の仕方
であっても，その対象は特定の中間所得層に限定されない。**図表4−7**(a)の
場合，t_2は引き上げていないものの，bより高い課税所得をもつ個人が増税の
対象となっている。**図表4−7**(b)の場合，税率t_1の対象範囲の下限がbから
cに引き下げられているものの，cより高い課税所得を持つ個人は全て増税の
対象となっている。

　全ての所得水準に対して一律な税率をかける線形所得税の場合，税率の上昇
は所得効果と代替効果を生み出した（**図表4−2**参照）。超過累進課税の場合，
税率の上昇は個人によって異なる意味を持つようだ。たとえば，増税前に**図表
4−7**(a)の点Bを選択する個人を考える。この個人にとって，t_1の上昇は**図
表4−2**のときとおなじような予算制約線の変化を招くため，所得効果と代替
効果が生じる。一方，増税前に**図表4−7**(a)の点Aを選択する個人の場合，
点Aの近傍では予算制約線の傾きが変わらないので，増税の変化は実質的に所
得効果しかもたらさない。同様のことは**図表4−7**(b)の境界所得水準の変化
でもいえる。

　ところで，**図表4−5**を見てみると，少なくとも所得階層内では所得が上昇
しても税率が変化していない。累進所得税の下では所得とともに税率が高まる
はずであるから，限られた範囲とはいえ実際の所得税制度では所得の上昇とと
もに税率が高まらないことに違和感を覚える人がいるかもしれない。実は，**図
表4−5**に記載されているのは，所得の増加にともなう税の増加率を表す限界
税率である。**図表4−8**は累進所得税の一例を示しており，所得がy_1の個人

75

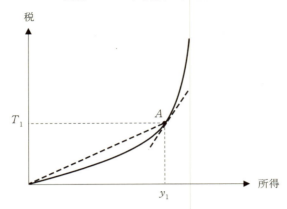

はT_1の税負担を被ることになる。この個人の限界税率は，図中の曲線上の点Aにおける接線で表される。**図表4-8**の場合，接線の傾きは所得とともに高くなるので，限界税率は所得に関して累進的であるといえる。

　一方，所得に占める税負担額の割合で税率を測ることもできる。これは平均税率と呼ばれ，**図表4-8**におけるy_1をもつ個人のそれは，点Aと原点を結んだ直線の傾きで表される。曲線上のある点と原点を結んだ直線の傾きは所得とともに高くなるので，**図表4-8**のような税構造は限界税率だけでなく平均税率でみても累進的であるといえる。

　次に，**図表4-9**のような所得税を考えてみよう。図に表されている税構造では，課税最低限y_1以下の所得水準は非課税であり，y_1よりも高い所得層には正で一律な限界税率がかけられている。しかし，y_1よりも高い所得層に対する平均税率に注目すると，所得の増加とともに平均税率が高まることがわかる。

第4章 所 得 税

図表4-9 課税最低限と税の累進性

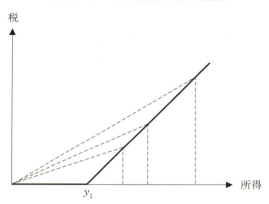

第3節　公平性と所得税の課題

　一括固定税に比べれば公平性の面で優れている所得税であっても，公平性の面で全く問題がないわけではない[9]。たとえば，疾病や介護といった家庭の事情は，所得に注目しているだけでは汲み取ることはできない。また，公平な所得税には所得に関する正確な情報の入手が欠かせないが，実際には所得に関する情報を正確に徴税者が把握することは難しい。申告納税制度ではなく源泉徴収制度であればこの問題はある程度解消されるかもしれないが，源泉徴収制度の下でもクロヨンという言葉で知られるような職業間の所得捕捉率格差の問題を解消することは難しい。さらに，所得は個人の所得獲得能力を必ずしも反映していない点にも注意をすべきである。もし高所得者に過度に高い税率を課すならば，所得獲得能力が高い個人は，無理に働かずにその分余暇を楽しもうとするかもしれない。所得獲得能力の高い個人が労働への態度を変えないように配慮をしながら累進的な所得税を構築する必要がある。

　わが国の所得税は，原則として，課税対象である所得をすべて合算した上で所得税率をかける総合所得税方式をとっている。ただし，所得に応じて限界税

率が高まる累進所得税制度の下では，所得の発生経緯などを考慮した場合，必ずしもすべての所得を同等に扱うべきではないかもしれない。たとえば，退職所得は，勤労所得の一括後払いという性質を持つ。もし退職所得を取得年度の他の所得と合算してしまうと，該当する累進所得税率が高く設定されてしまう。その結果，退職所得額を勤労期間中に毎期分割して受け取った時よりも，過大に所得税が徴収されることになる。似たような事例は，農業所得や特許料収入のように年度によって発生する金額の異なる所得にも言えるだろう。そこで，所得の発生過程や性質に応じて合算の仕方を変えたり，ときには合算所得から切り離して課税する分離課税を認める必要が生じる。

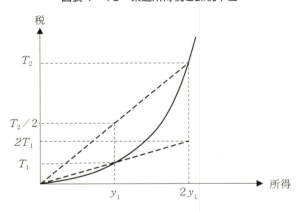

図表４－10　累進所得税と課税単位

　累進所得税を課すときには，課税対象となる所得を個人単位で測るのか夫婦単位で測るのかという課税単位についても注意を払う必要がある。たとえば，家族構成の異なる３つの世帯が**図表４－10**のような累進所得税に直面している状況を考えよう。世帯Ａは夫婦共働きで，それぞれy_1を稼いでいる。世帯Ｂは夫婦のうち一方は家事に専念をしており，もう一方が会社勤めをして$2y_1$を稼いでいる。世帯Ｃは単身世帯でy_1を稼いでいる。

　個人単位で所得税が課せられる状況における世帯ＡとＢの税負担を比較した

い。世帯Aの夫婦はそれぞれy_1を稼いでいるので，それぞれがT_1の税負担を被る。したがって，世帯Aの税負担の合計は$2T_1$である。一方，世帯Bは夫婦のうち一方のみが$2y_1$を稼いでおり，したがって対応する税負担はT_2となる。どちらの世帯も同じ所得水準$2y_1$を稼いでいるのに，世帯Aの税負担は世帯Bよりも小さくなる。

この問題は，課税単位を夫婦単位にすれば世帯Aも世帯BもT_2の税を負うことになるので回避できる。しかし，夫婦単位にはこれとは別の問題が起こりうる。世帯Aと世帯Cを例に夫婦単位の問題点について考えてみよう。世帯Aの平均税率は$T_2/2y_1$である。これは，所得1単位あたりに$T_2/2y_1$の税負担がかかることを意味する。一方，所得y_1を稼ぐ単身世帯Cの平均税率はT_1/y_1である。**図表4－8**と**図表4－10**より，明らかに単身世帯の方が平均税率，つまり所得1単位あたりにかかる税負担は軽いことがわかる。そのため，夫婦単位で累進所得税を課した場合，税負担が重くなることをためらって個人が結婚しなくなるかもしれない。税が個人の経済活動に歪みを与えることは，税の中立性や効率性の観点から望ましくないと言える。

世の中には家族構成や日々の生活実態の異なる様々な世帯が多数存在している。それらの世帯に一律の累進税構造を当てはめるだけでは，租税の公平性だけでなく，効率性や中立性を高めることは難しい。税構造が複雑になるおそれはあるものの，世帯の事情に応じて複数の税構造が用意されるべきかもしれない。わが国では，原則として，個人単位で課税所得を算定する方式が採られている。一方，夫婦共働き世帯と夫婦片働き世帯の不公平性を軽減するために配偶者控除や配偶者所得控除などが設けられている。ほかにも，障害者控除，寡婦（寡夫）控除，勤労学生控除などの人的控除が存在する。これらの人的控除を課税最低限の調整と捉えれば，わが国の累進税構造は様々な世帯の事情に合わせて柔軟に累進構造をシフトさせていると捉えることができるかもしれない。

〔注〕
1) 日本や世界の税に関する歴史的経緯については，金子（2013）やSalanié（2003）を参照されたい。
2) 所得税の垂直的公平性に関連するより詳細な制度的考察については，金子（2013）や西村（2013）を参照されたい。
3) 本章の理論的考察については，井堀（2003）や土居（2002），Atkinson and Stiglitz（2015），Hindriks and Myles（2013），Myles（1995）などを参考にされたい。
4) 次のように考えた方が容易に税負担額を導出できるかもしれない。個人が$(1-h_1)$だけ働くときの課税前労働所得は，点Aを通る実線上でh_1の余暇に対応する点の縦の高さ$w(1-h_1)$に相当する。一方，同じだけ働くときの課税後労働所得は，点Dの高さ$(1-t)w(1-h_1)$に相当する。したがって，両者の差である$tw(1-h_1)$は個人が$(1-h_1)$だけ働くときの税負担額になる。
5) 一括固定税を課したときの最適点は点Fよりも左上に位置するため，点Fではなくこの最適点と点Dの位置を比べても同じ結論が導かれる。
6) 以下，式の中では便宜的に金額の単位を省略しているので注意されたい。
7) 佐藤（2016）は単純累進所得税が抱える類似の問題点を例示を交えて説明している。なおここで挙げている単純累進所得税の問題点は，すべての高所得者層に当てはまるわけではないことに注意されたい。個人の選好の特性やt_1とt_2の差によっては，単純累進課税の下でも高所得者層が所得階層を下げない可能性がある。
8) 課税所得のうちb以下の金額については非課税扱いであるため，課税後の予算制約が課税前のそれと重なっている。
9) 本節の制度的考察に関連するより詳細な説明については，金子（2013）や西村（2013）を参照されたい。

〔参考文献〕
井堀利宏『課税の経済理論』岩波書店，2003年。
金子宏『法律学講座双書　租税法　第18版』弘文堂，2013年。
佐藤英明『スタンダード所得税法　第2版』弘文堂，2016年。
土居丈朗『入門公共経済学』日本評論社，2002年。
西村幸浩『経済学叢書　財政学入門』新世社，2013年。
Atkinson A.B. and J.E. Stiglitz, *Lectures on Public Economics*, Princeton University Press, 2015.
Bernard Salanié, *The Economics of Taxation, The MIT Press*, 2003.
Hindriks J. and G.D. Myles, *Intermediate Public Economics 2nd ed*, The MIT Press, 2013.
Myles G.D., *Public Economics*, Cambridge University Press, 1995.

コラム2

かかりつけ医制度の導入は望ましいのか？

　日本の総人口が近年減少に転じた一方で，高齢化率は年々上昇している。内閣府の高齢社会白書によると，平成27年10月時点で26.7％の高齢化率が，平成72年（2060年）には39.9％となり，2.5人に1人が65歳以上になると推計されている。また高齢者の医療に対する需要は高く，厚生労働省の患者調査によると，35〜64歳の受療率と比べて65歳以上の受療率は3倍以上も高く，75歳以上では4倍以上も高くなっている（コラム図表2−1）。

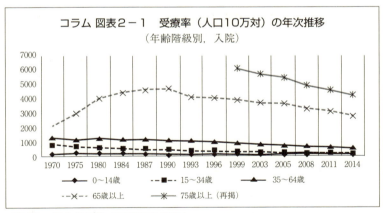

（資料）　厚生労働省「医療施設調査」

　このような高齢化による医療需要の高まりに対して，医療サービスの供給側にはいくつかの問題が存在する。医療サービスを提供する施設数をみると，病院は1990年以降わずかに減少し続けている（コラム図表2−2）。それに対し一

般診療所の施設数は増加傾向であるが，近年はあまり伸びていない。

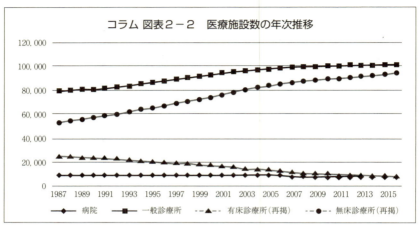

（資料）　厚生労働省「医療施設調査」

　また，日本では医療施設の機能分化が進んでこなかった。その理由として，患者が近くの診療所だけでなく高度な医療を提供する専門医療機関を自由に選択できるというフリーアクセスが認められてきたことがあげられる。フリーアクセスにより，軽度の疾患の患者が専門医療機関を受診できてしまう。そのことにより，専門医療機関の勤務医が過重な労働を強いられることも予想される。このような問題を解決するため，かかりつけ医と専門医療機関の機能を分化し，連携させることで，効率的な医療供給を実現しようとしている。

　では，医療の機能分化と連携を実現するためのかかりつけ医とはどのようなものであろうか。日本医師会・四病院団体協議会では，かかりつけ医を「なんでも相談できる上，最新の医療情報を熟知して，必要なときには専門医，専門医療機関を紹介でき，身近で頼りになる地域医療，保健，福祉を担う総合的な能力を有する医師」と定義している。かかりつけ医の仕事をBarros and Martinez-Giralt（2012）は診察，予防医療，紹介の３つの機能に分類している。まず，患者の生活を考慮した上で訪問診療も含めた日常の診察を行うという診

コラム2　かかりつけ医制度の導入は望ましいのか？

察の機能が挙げられる。次に，地域住民に対する健康相談，健診やがん検診，予防活動といった予防医療の機能がある。最後に，かかりつけ医の専門を超えた高度な医療が必要な場合，患者に適切な医療が提供されるよう地域の専門医療機関に患者を紹介する。そして，継続的に介護の費用な患者に対しては，介護施設と連携する機能が求められている。

　このような機能を持つかかりつけ医は，診療，検査や薬の処方といった医療サービスを患者に提供するための最初の窓口である。つまり，かかりつけ医は医療供給における門番の役割を担っているとも考えられる。かかりつけ医が担う門番の役割は，経済学的な観点から2つの特徴がある。まず，かかりつけ医が門番として一次医療を担い，必要に応じて専門医療機関に患者を紹介，もしくは介護施設と連携するという関係は，垂直的取引関係の様相を示している。垂直的取引関係とは，メーカーと卸売業者，卸売業者と小売業者のような取引関係のことである。垂直的取引関係の中で，メーカーが卸売業者や小売業者を統合するという垂直統合がなされることがあった。医療分野においても，病院だけでなく診療所や介護施設の運営を行うという垂直統合の形態をした医療法人が存在している。かかりつけ医は，医療供給における垂直統合に影響を与えるかもしれない。

　もう一つのかかりつけ医の特徴は，かかりつけ医が診察することによる患者に関する情報収集機能である。患者の疾病に関する情報が不完全である場合，治療が遅くなったとしても，かかりつけ医による情報収集に意味があるかもしれない。かかりつけ医による門番機能がない場合，専門医療機関は診療時点での患者の情報を元に診断を行わなければならない。しかし，かかりつけ医が日頃から患者の診察を行っている場合，専門医療機関とかかりつけ医の両方の情報を元に多面的に患者の診察をすることが可能である。

　このようなかかりつけ医の情報収集機能に注目した研究の一つにBrekke et al.（2007）がある。彼らは，政府が診療価格とかかりつけ医の受診率を規定する医療市場を想定し，かかりつけ医と専門医療機関の垂直的な関係を分析した。そこで，政府が患者にかかりつけ医の受診を強制することが社会にとって望ま

しいのかを検討した。彼らのモデルでは，複数の専門医療機関が専門化の程度と患者に提供する医療の質に関する選択を行った後，患者が受診率に従いかかりつけ医を受診する。かかりつけ医を受診した患者は，診断結果を受けとり専門医療機関を受診する。かかりつけ医は患者の診断を間違える可能性があり，患者の疾患と専門医療機関の医療サービスにミスマッチが生じると，患者が不効用を受ける。

　分析の結果，かかりつけ医の診断の正確性とミスマッチによる患者の不効用の程度の両方が低いと，病院が過剰な専門化と品質を供給しようとするため，患者にかかりつけ医の受診を強制すると社会厚生が低下することが明らかにされた。また彼らのモデルでは，かかりつけ医の受診を義務付ける場合，診断の正確性の高まりが専門医療機関の品質向上競争を和らげ，社会厚生を高めることが示された。

　日本では急速な高齢化の進展による医療需要の高まり対し，医療供給体制が十分に対応できていないようである。政府は効率的な医療供給のため，かかりつけ医を導入し機能分化と連携を進めている。しかし，かかりつけ医制度の導入については，その特徴も考慮する必要があると考えられる。

〔参考文献〕
　Barros, P.P. and X. Martinez-Giralt（2012）*Health Economics*, Routledge.
　Brekke, K.R., R. Nuscheler and O.R. Straume（2007）"Gatekeeping in health care," *Journal of Health Economics*, 26(1), 149－170.

第5章　法　人　税

　法人税は誰が負担するべきなのか。日本国憲法第30条では「国民は，法律の定めるところにより，納税の義務を負ふ。」と記されている。一方，法人とは，株式会社や協同組合，宗教法人のように，法律によって財産所有の権利や訴訟の当事者となる権利などが認められている存在である[1]。日本国憲法第10条や国籍法にしたがえば，国民は自然人で構成されるので，法人は国民とは言えない。国民ではない法人に法人税の義務を負わせることは難しい。

　もちろん，法人税には課税根拠がある。法人は，国の法律によって人格を与えられ，法律上の権利を獲得し便益を被っている。国から権利を付与されることによって便益を被る以上，その対価として法人に税を課すことは不合理ではない。問題は，実体のない法人に代わってどの自然人が実質的に法人税を負担するかという点にある。

　株式会社の場合，企業の利潤は配当という形で株主に分配される。そこで，株主の配当所得に対する税の前納として法人税を捉えることができる。ただし，この場合には同じ所得に配当所得税と法人税が二重に課されてしまう。様々な所得のうち配当所得にだけ二重の税が課されるのは公平とは言い難いし，そのような税制は人々の投資活動や企業の経済活動に何らかの影響を及ぼしかねない。

　配当所得に関する二重課税を避ける方法の1つとして，配当等にあたる部分を損金に算入する配当損金算入方式が考えられる[2]。配当に充てられる部分が法人の課税所得から全額取り除かれるため，二重課税は生じない。また，この方式の下では，法人段階で二重課税が取り除かれるため，二重課税の調整を個人段階でする必要はない。

　配当損金算入方式について注意すべき点の1つとして，法人による内部留保

85

の取り扱い方が挙げられる。法人が一端内部留保していた利潤を配当に回す状況を考えよう。事前の段階では内部留保に税が課されているため，内部留保が配当に回された段階で内部留保にかけられていた法人税額を還付する処理が必要となる。

　一方，個人段階で二重課税の問題を取り除く方法の1つとしてインピュテーション方式が挙げられる。この方式のイメージは以下のとおりである。まず法人所得と個人が受け取った配当所得からそれぞれ法人税額と配当所得税額が算出される。次に，法人所得が全額配当に充てられた場合の配当所得税額が算出される。法人税を配当税額の前納とみなすならば，この配当所得税額が本来の納税額になる。そこで，最初に計算した法人税額と配当所得税額の合計と本来の配当所得税額の差額を求め，還付などの最終的な税額の調整を行う。

　実際には法人税は個人に対する配当所得税よりも先に算出されるため，インピュテーション方式はより複雑な仕組みを持たざるを得ない。まず，法人所得から法人税が算出され，残りの法人所得が配当として個人に割り振られる。次に，法人税額を個人ベースに分割・調整された額が配当所得に上乗せされ，この金額から配当所得税額が求められる。第3に，最初に算出された配当所得から配当所得税額が割り出され，それを同じステップで算出された法人税額と足し合わせる。この合計額と第2のステップで算出された配当所得税額の差に応じて個人に対して税の還付等の調整が行われる。

　日本の現行制度は個人の受取配当の一部を配当所得税額から控除する配当所得税額控除方式をとっている。この方式の下では，配当所得税の一部がすでに法人税の段階で支払われたとみなされて配当所得税の対象から外れることになる。インピュテーション方式のように個人段階で二重課税の調整を行いつつ，配当損金算入方式のように比較的わかりやすい仕組みとなっている。しかしながら，税控除額が必ずしも二重課税にあたる金額と合致するわけではないので，この方式によって二重課税問題が完全に解消されるわけではない。

　ところで，上述の法人に関する定義にしたがえば，宗教法人やNPO法人，都道府県や国も法人に含まれる。法人税の課税対象にこれらの法人を含めるこ

第5章　法　人　税

とは適切だろうか。たとえば法人税を課税する主体である国について考えてみ
よう。税務行政には制度の維持や整備，監査など様々な側面でコストがかかる。
そのため，国への課税は税務行政上のコストの増加につながる。国が税収を用
いて必要な政策を行うためには，税務行政上の浪費を避けるべきである。した
がって，国は法人税の対象から外すべきである。

　また，地方公共団体や国立科学博物館のような独立行政法人，日本年金機構
などの公共法人は，国が行うべき公共性の高い事業を国に代わって行っている
組織である。そのため，国と同じように法人税の対象から外すことが望ましい。

　学校法人や宗教法人，社会福祉法人，NPO法人など一般的な法人でありな
がら行政庁から公益性のある事業活動をしていると認められた公益法人はどう
だろうか。公の利益となる活動をしている限りにおいては公益法人も公共法人
と同じように法人税の対象から外すべきである。しかし，一般的な法人である
公益法人は収益事業を行いかねない。法人税の対象となっている株式会社など
とのバランスを考えるならば，公益法人は事業活動の内容に応じて課税をする
ことが望ましい。

図表5－1　収益事業に該当する事業活動

物品販売業	運送業，運送取扱業	旅館業	土石採取業	医療保険業
不動産販売業	倉庫業	料理店業その他の飲食店業	浴場業	技芸教授業
金銭貸付業	請負業	周施業	理容業	駐車場業
物品貸付業	印刷業	代理業	美容業	信用保証業
不動産貸付業	出版業	仲立業	興行業	無体財産権の提供業
製造業	写真業	問屋業	遊技所業	労働派遣業
通信業，放送業	席貸業	鉱業	遊覧所業	

（出所）　国税庁資料より筆者作成。

　ただし，公益法人のどの事業活動が収益事業にあたるのかを明確に判断する

87

ことは難しく、製造業や出版業など34種類が収益事業として限定列挙されているのが実情である（**図表5-1**参照）。収益事業が限定的に列挙されているため、それらに該当しない事業活動であれば収益事業として認定されない可能性がある。たとえば、料理や茶道、書道などを教授する「技芸教授業」は収益事業の1つである。しかし、英会話やパソコンなどの講習はその中には含まれていない[3]。

これまでは制度的な側面から法人税の実態や在り方について簡単に説明してきた。以下では、経済理論を応用しながら、法人税が企業活動に与える影響について説明していく。

第1節　利潤最大化と資本

企業が資本Kと労働Lを用いて財を生産するような状況を考える。議論の焦点を資本に絞るために、労働力Lや賃金率wは一定であるとし、$wL = \bar{C}$とおく。企業は資本所有者から生産に投入する実物資本を借り入れ、事業活動を遂行した後で市場利子率$r > 1$にしたがって借入資本の返済を行うものとする[4]。

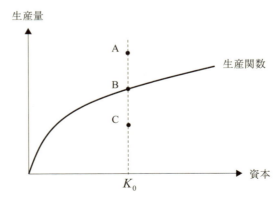

図表5-2　企業の生産技術と資本投入

資本の追加的な投入は生産性を高めるものの，過剰な設備の導入は生産活動の妨げとなる。一般に，資本の追加的1単位に伴う生産性の伸びは，資本投入量が増加するほど低くなる。企業が持つ生産技術を資本と生産量の関係として表すならば，**図表5-2**のような丘状の生産関数が得られる[5]。

生産関数は投入した資本量に対して企業が実現できる生産量の境界線を表している。**図表5-2**において資本投入量がK_0であるとき生産関数上の点Bは実現可能であるが，それよりも低い位置にある点Cもまた実現可能である。しかし，生産関数の上方にある点Aは企業の技術力では実現することはできない。

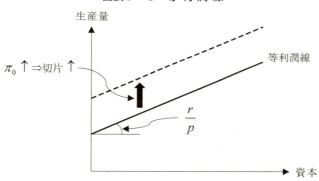

図表5-3　等利潤線

一方，生産物の価格をp，企業が生産した財の量をYとすると，企業の利潤は次のように表される。

$$\text{企業の利潤} = (\text{売上}) - (\text{費用}) = pY - (rK + \bar{C}) \qquad (1)$$

(1)を用いて，ある利潤π_0を導く資本Kと生産量Yの関係を求めると，

$$Y = \frac{r}{p}K + \frac{\pi_0 + \bar{C}}{p} \qquad (2)$$

が得られる。投入資本を1単位増やすと利払い費がrだけ増加する。(2)は，投入資本を1単位増やすときに一定の利潤を維持させるのであれば，r/p単位

だけ生産量が増加しなければならないことを表している。以下では議論を簡単にするために，企業が生産物の価格pや利子率rを自ら操作できない状況に注目する。

(2)を図示すると，**図表５－３**のような等利潤線が得られる。(2)より，等利潤線の傾きはr/pであり，切片はπ_0に依存することがわかる。たとえば，生産物の価格が下がるとr/pが高くなり，等利潤線の傾きはきつくなる。また，企業にとって目標となる利潤π_0が高くなれば(2)の右辺第２項が大きくなり，等利潤線の切片が持ち上がる。

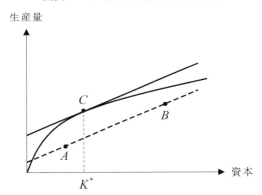

図表５－４　企業の利潤最大化行動

事業活動の敷地面積や企業独自のノウハウ，企業内の慣習などがもたらす企業の生産性を短期的かつ頻繁に変更することは難しい。企業の生産性の特徴は**図表５－２**における生産関数の形状で表される。企業は与えられた生産技術の下で利潤を最大にするように資本投入量を選択する。

たとえば，**図表５－４**において，企業は点Aや点Bなど破線で表された等利潤線上の点を選択することができる。しかし，これらの点は企業にとっての利潤最大化を実現しない。生産可能な領域を考えたときに，破線よりも上方にある等利潤線上の点を選択することで，企業はより高い利潤を実現できるためである。結局，企業にとって最適な選択は，等利潤線と生産関数が接する点Cと

なり，企業の最適な資本投入量はK^*となる。点Cは，企業が等利潤線の傾き
と生産関数の接線の傾きが一致する資本量を選択することを示唆している。

第2節　法人税と企業行動

　いま，政府が企業の純粋利潤に法人税率$t\,(0<t<1)$を課すとしよう[6]。法人
税額は次のように表される。

$$法人税額 = t\,[売上-費用] = t\,[pK-(rK+\bar{C})]\tag{3}$$

　(1)と(3)より，企業の税引き後利潤は$(1-t)\,[pY-(rK+\bar{C})]$となる。企業
がπ_0の水準の税引き後利潤を目標に掲げているとき，等利潤線は次の式で表
される。

$$Y = \frac{r}{p}K + \frac{\pi_0/(1-t)+\bar{C}}{p}\tag{4}$$

　(4)と(2)を比較すると，等利潤線の傾きがどちらも等しいことがわかる。前
節で説明したように，企業は等利潤線の傾きと生産関数の接線の傾きを一致さ
せるように意思決定をする。生産関数の形状は企業の生産技術を表しており，
利潤税の影響を受けない。したがって，(2)で表される等利潤線と(4)で表され
るそれが同じ傾きを持つということは，法人税が課せられていてもいなくても
企業が選択する資本量は変わらないことを意味している。**図表5-4**でいえば，
法人税が課せられているときの企業の最適な選択は点Cで表され，このときの
資本投入量はK^*である。

　実際には法人税率は純粋利潤に対してかけられているわけではない。たとえ
ば，発生主義に基づいて製品製造のための材料費や販売費などが算出されるが，
このうち当期中に販売された製品の収益に対応する部分だけが当期中の費用と
なる。また，多国籍企業が日本に系列子会社を設立し，その子会社に対して一
定の条件を満たすような資本貸付を行った場合，その貸付に対する系列子会社

の利払い費は損金に算入されない可能性がある。

そこで，資本コストのうちa $(0<a<1)$の割合だけ損金に算入できるような税制を考えてみよう。このとき，法人税額は次のように表される。

法人税額 $= t\left[pY - (arK + \bar{C})\right]$ (5)

(1)と(5)より，π_0の水準の税引き後利潤に対する等利潤線は次の式で表される。

$$Y = \frac{(1-ta)r}{(1-t)p}K + \frac{\pi_0/(1-t) + \bar{C}}{p}$$ (6)

$0<t<1$と$0<a<1$より，(6)の右辺第1項のKにかかっている係数について次が言える。

$$\frac{r}{p} < \frac{(1-ta)r}{(1-t)p}$$ (7)

(7)は，(6)のような等利潤線の傾きが(2)で表される等利潤線の傾きよりもきついことを表している。

図表5－5では傾きの異なる2本の等利潤線が生産関数に接している。傾きが緩やかな等利潤線は(2)に対応しており，傾きが$(1-ta)r/[(1-t)p]$である破線は(6)に対応する等利潤線である。税がないときの企業の最適選択は点Aで表され，このときの最適資本投入量はK^*となる。一方，資本コストの一部だけが損金に算入できる税制における企業の最適選択は点Bで表され，このときの最適資本投入量はK^{**}となる。

図表5－5が示しているように，資本コストの一部だけが損金に算入できるとき，法人税は企業行動に対して中立的ではない。等利潤線の傾きは，ある一定の利潤を達成するうえで必要な資本に対する生産量の伸びを表している。したがって，等利潤線の傾きがきつくなることは，資本を追加投入した時の収益性が悪くなることを意味している。資本コストの一部しか損金に算入できない

92

図表5-5 企業の利潤最大化行動

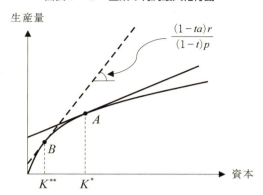

とき，税によって収益性が悪くなるため，企業は税がないときよりも資本投入量を減らし，生産量を縮小させる。

第3節　資本コストの損金不算入と税の帰着

議論を簡単にするために，資本コストは全額損金に算入できない制度を考える（$a=0$）。この制度の下で，企業の税引き後利潤Ωは次のように表される。

$$\Omega = (1-t)[pF(K,L) - wL] - rK \tag{8}$$

もし規模に関して収穫一定の生産技術を持つ企業が税引き後利潤Ωを最大にするように資本投入量Kと労働投入量Lを選択するならば，次が成り立つ。

$$pF(K,L) = wL + \frac{r}{1-t}K \tag{9}$$

この式は，企業の売上が支払い給与と税を考慮した実質資本コストに配分されることを表している。$0<t<1$より$r<r/(1-t)$であり，(9)の右辺第2項は単位当たり実質資本コストが税率の上昇とともに高くなることを示している。

法人税額を T とおくとき，(9)を次のように書き直すことができる。

$$pF(K, L) = wL + rK + T \tag{10}$$

(10)を(8)に代入することで次式が得られる。

$$\Omega = (1 - t)\left[rK + T\right] - rK \tag{8'}$$

(9)や(10)が示すように，規模に関して収穫一定の生産技術の下では $\Omega = 0$ となる。(8')と $\Omega = 0$ より，次が成り立つ。

$$T = t\frac{r}{1 - t}K \tag{11}$$

(11)は，法人税額が実質資本コストに法人税率をかけた額と等しくなることを表している。実質資本コストを投資家の収益と捉えるならば，法人税は投資家に帰着することになる。法人擬制説の立場から法人税を配当所得税の前取りと捉えるならば，資本コストを損金に算入しない制度は法人擬制説と整合的であると言えるだろう。

もちろん，この議論にはいくつかの注意すべき点がある。まず，資本コストを損金に算入しない場合，前節で述べたように法人税が企業の行動を歪める可能性がある。また，本節の議論は規模に関して収穫一定の生産技術を前提としている。さらに，法人税の転嫁・帰着に関する問題を議論する上で，本節の議論は一企業の主体的均衡のみに注目している点に注意すべきである。

第5章 法　人　税

第4節　法人税と経済のグローバル化

1　課税権と国際的な二重課税問題

　経済のグローバル化は各国における法人税の在り方に大きな影響をもたらしている。たとえば，母国に活動拠点を置きながら海外で企業が利潤を得る場合，国際的な二重課税問題が生じ得る。母国政府は本拠地が自国にあるという理由から法人所得に課税をし，外国政府もその発生源が自国にあるという理由から同じ法人所得に課税する可能性があるためだ。国際的な二重課税問題は企業の経済活動やその国の経済発展の障害となりかねない。この問題を解決するためには源泉地国と居住地国の間で課税権に関するルールを整備しなければならない。

　仮に源泉地課税を優先させるならば，居住地国の課税権をどのような形でどこまで認めるかを考えなければならない。源泉地国で生じた法人所得に居住地国の税を全く課すことができない場合，居住地国にとっては大きな不利益が生じる。源泉地国で生じた法人所得に居住地国もある程度の課税を許すならば，源泉地国で支払った税額を居住地国で税額控除の対象とするような制度は二重課税を避ける1つの解決策になる。あるいは，居住地国での法人所得から源泉地国で支払った税額を差し引いた額を課税ベースとする方法も考えらえる。

　ある独占的な企業がA国とB国に生産拠点を構え，両国の市場に生産財を供給する状況を考える[7]。i国（$i = A,\ B$）では国際的に移動可能な生産要素k_iを用いて$y_i = f(k_i)$だけ財が生産されるものの，生産された財は両国の間でコストをかけずに輸送できるものとする。x_iをi国における財の需要量とすると，企業の課税前の利潤は次のように表される。

$$\Pi = p(x_A)x_A + p(x_B)x_B - r(k_A + k_B) - \bar{\omega} \tag{12}$$

　ただし，$\bar{\omega}$は生産要素k_iのレンタルコストを除いた費用であり，以下の議論では一定とする。$p(x_i)$は逆需要関数を表し，$p' < 0$とする。rは生産要素1単

95

位を生産過程に投入する際に必要な費用である。生産要素は国際的に移動可能であるため，rは両国で等しくなる。

　両国は，二重課税問題を回避するためにEUや国連のような両国の仲裁役を担う上位組織が決定したルールにしたがって，企業の利潤に税を課す。A国に割り当てられる法人所得の配分比率をqとする。上位組織が企業の総収益に対する各国で生じた収益の割合に応じて配分比率qを決めるとき，その値は次のように表される。

$$q = \frac{p(x_A) + x_A}{p(x_A)x_A + p(x_B)x_B} \tag{13}$$

　A国における法人税率をt_Aとすると，A国が企業に課す法人税額は次のように表される。

$$T_A = t_A q \Pi \tag{14}$$

　一方，上位組織はB国に対して$(1-q)$の割合の配分比率を割り当てるので，B国における法人税率をt_Bとすると，B国における企業の法人税額は次のように表される。

$$T_B = t_B(1-q)\Pi \tag{15}$$

$(12) - (14)$より，企業の税引き後利潤は次のように表される。

$$\pi = \left[1 - t_A q - t_B(1-q)\right]\Pi \tag{16}$$

　財が市場の需要に対して過不足のない形で供給されるのであれば，企業は次の条件を満たすように財生産を行うはずである。

$$x_A + x_B = f(k_A) + f(k_B) \tag{17}$$

　企業は(13)や(17)の下で(16)を最大にするようにk_iを決定する。$\lambda > 0$を(16)に対するラグランジュ乗数とすると，k_iに関する一階の条件は次のように

第5章 法 人 税

表される。

$$[1 - t_A q - t_B(1 - q)]r = \lambda f'(k_i) \tag{18}$$

(18)より, 次が言える。

$$f'(k_A) = f'(k_B) \tag{19}$$

企業は(17)や(19)を満たすように各国における生産要素の投入量を決定する。

もし両国が法人税を課さなければ（$t_A = t_B = 0$）, 企業は各国における生産要素kの限界収益$f'(k)$がrに等しくなるように配慮しながら財を生産し, 需要に合わせて生産財を各国に供給する。したがって, A国とB国が法人税を用いない状況でも, 企業は(17)や(19)を満たすように各国における生産要素投入量を選択することになる。

以上のことから, 多国籍企業の利潤に対する国家間の課税権の配分ルールが(13)のような形で決められる場合, 法人税や配分ルールが多国籍企業の意思決定に影響を与えないことがわかる[8]。

2 多国籍企業と国際的租税回避

多国籍企業の場合, 異なる国に系列会社が点在することを利用して, 税負担の軽減を図ることが可能である。ある企業が国外の系列企業から生産要素を仕入れる状況を考えよう。もし生産要素を仕入れた国の税率が高ければ, 仕入れ値を高くすれば仕入れ側の国の税負担を軽減できる。このとき, 多国籍企業全体としての収益は, 税負担の軽い生産要素を出荷した国に移転される。結果として, 多国籍企業全体でみた税負担は軽減される。逆に, もし生産要素を出荷した国の税率が高ければ, 仕入れ値を低く設定することで, 多国籍企業は全体として税負担の軽減を図ることができる。

A国とB国に子会社を持つ多国籍企業を考える。最終的な消費財はA国の子会社（子会社A）のみが生産し, B国の子会社（子会社B）には財の生産能力がないものとする。子会社Aは生産コスト$C(X)$をかけて財をXだけ生産する。

97

生産された財の一部x_AはＡ国内で販売され，残り$x_B = X - x_A$は子会社Ｂを通じてＢ国で販売される。子会社Ａから子会社Ｂへ財が出荷されるときの移転価格をϕとおき，ⅰ国（i = A,B）の価格をp_i，税率をt_iとおく。このとき，多国籍企業全体の利潤は

$$
\begin{aligned}
\pi &= (1 - t_A)\left[p_A x_A + \phi\, x_B - C(x_A + x_B)\right] + (1 - t_B)\left[p_B x_B - \phi\, x_B\right] \\
&= (1 - t_A)\left[p_A x_A - C(x_A + x_B)\right] + (1 - tB)p_B x_B + \phi\,(t_B - t_A)x_B
\end{aligned} \tag{12}
$$

となる。もしＡ国よりもＢ国の法人税率が低ければ($t_B < t_A$)，$\phi > 0$や$x_B > 0$である限り(12)の第３項はマイナスの値をとる。そのため，多国籍企業は移転価格ϕをできる限り低く抑えようとするだろう。このとき，(12)の上段の式から，グループ内での取引価格を市場価格p_Bではなく移転価格ϕとすることで利潤がＢ国にシフトしていることがわかる。逆に，Ａ国の税率の方が低い場合($t_B > t_A$)，多国籍企業は移転価格ϕをできる限り高く設定し，利潤をＡ国にシフトさせようとする。

　多国籍企業による移転価格を通じた租税回避行為は安定的な財政運営を妨げるおそれがあるものの，適正価格と移転価格を明確に区別することは難しい。たとえば，グループ外の企業が扱っている類似商品の価格や財生産にかかる費用を参考にして，特定の取引が移転価格に基づいていたかどうかを判定することができるかもしれない。しかしながら，生産コストを特定しにくい知識集約的な財や競争相手が参入しにくい専門性の高い財の場合，これらの基準を用いることはできない。適正価格にある程度の許容範囲をとり，そこから外れた価格のみを移転価格とみなすことが現実的といえるかもしれない。

　多国籍企業については，系列企業間での金銭貸借にも注意をする必要がある。法人擬制説にしたがえば配当は損金にはあたらないものの，借入の際にかかる支払利子はコストとして損金算入できる可能性がある。そのような状況では，資金調達の際に株式発行を抑えて低税率国における系列企業からの借入を増やすことで，多国籍企業全体としての税負担を軽減することができる。このような問題に対処するために，損金算入可能な借入額に制限を設ける過小資本税制

第5章　法　人　税

を導入する国もある。

　多国籍企業は事業拡大というよりもグループ全体での税負担を軽減する目的
で系列会社の立地場所を選択するケースが少なくない。多国籍企業の国外流出
は国内経済や自国の財政の悪化につながりかねない。逆に，多国籍企業を自国
に呼び込むことができれば，国内経済の活性化や財政の健全化が期待できる。
こうした事情から，各国政府は諸外国より低い税率を設定する動機を持つかも
しれない。限られた多国籍企業のパイを取り合う形で各国が租税競争を繰り広
げるならば，税率が過剰に低くなり，却って各国の財政事情が悪化する可能性
がある。租税競争の悪循環に陥らないためには，国家間の密な連携が必要とい
える。

　上述で挙げた多国籍企業による国際的租税回避行為の多くは，タックス・ヘ
イブンと呼ばれる特定の国や地域と関係している。タックス・ヘイブンは企業
を誘致するために積極的に税の優遇措置や経済活動に関連する情報の保護を
行っており，諸外国の税収不安定化を招いている。タックス・ヘイブンの問題
を解決に導けない理由の1つに，タックス・ヘイブンが課税自主権の範囲で税
の優遇措置を行っていることが挙げられる。また，タックス・ヘイブンの多く
は，企業を誘致できるほど十分な資源や技術力，インフラを持っていないこと
も挙げられる。近年では，金融や情報など大規模な生産設備を必要としない産
業における企業がタックス・ヘイブンを活用する傾向が多く，その実態が把握
しにくいことも問題点として指摘されている。

〔注〕
　1)　法人税の課税根拠や課税所得の計算方法などの詳細な説明については，金子
　　（2013）や成松（2016）を参照されたい。
　2)　一方，内国法人が獲得した配当金等は益金に含まれないという受取配当金等の益
　　金不算入制度が設けられている。
　3)　ただし，技芸教授業には通信教育や段位などの資格・称号を与えるものも含まれ
　　る。
　4)　利子率が1よりも大きいのは元本を含めているためである。
　5)　企業の活動に関する経済理論的な説明については，たとえば柳川（2006）や矢野

99

（2001）を参照されたい。
6) 法人税と企業行動の関係については，たとえば Myles（1995）や土居（2002），
井堀（2003），Atkinson and Stiglitz（2015）を参照されたい。
7) 多国籍企業の経済活動と二重課税の問題に関する経済理論的な説明については，
たとえばHindriks and Myles（2013）を参照されたい。
8) この結果は法人税が利潤に課されていたり，財の移動コストがゼロであるなどの
前提の上で成り立っていることに注意すべきである。

〔参考文献〕
井堀利宏『課税の経済理論』岩波書店，2003年。
金子宏『法律学講座双書　租税法　第18版』弘文堂，2013年。
土居丈朗『入門公共経済学』日本評論社，2002年。
成松洋一『法人税セミナー　理論と実務の論点　第5訂版』税務経理協会，2016年。
柳川範之『法と企業行動の経済分析』日本経済新聞出版社，2006年。
矢野誠『ミクロ経済学の基礎』岩波書店，2001年。
Atkinson A.B. and J.E. Stiglitz, *Lectures on Public Economics*, Princeton University Press, 2015.
Hindriks J. and G.D. Myles, *Intermediate Public Economics 2nd ed.*, The MIT Press, 2013.
Myles G.D., *Public Economics*, Cambridge University Press, 1995.

第6章　消　費　税

　消費税は全ての財取引を対象とした一般消費税と特定の財取引を対象にした個別消費税に大別される。財には固体もあれば液体もあるし，保険サービスのように形や重さのないものも存在する。異なる特徴を持つ様々な財取引に一律な課税をするために，一般消費税は財の価格に定率で課税される従価税の形態をとる。一方，個別消費税は財1単位あたりに定額課税する従量税の形態をとることが少なくない[1]。

　一般消費税と個別消費税を同時に課す場合，非課税などの特別な措置がない限り，同じ課税ベースにそれらの税が重複してかかる可能性がある。実際，酒類やたばこなどにかかる個別消費税は販売価格の一部を構成しているとみなされ，一般消費税はこれらの財の税込価格にかけられる。もっともこれらの税は導入の意図や背景が必ずしも同じではないため，二重課税にあたるとは言い難い。たとえば，酒税やたばこ税はそれらの財消費を抑えて疾病のリスクを軽減するために課されているという指摘もある。

　2014年に一般消費税率は5%から8%に引き上げられた。この8%という税率は国税に当たる6.3%と地方税に当たる1.7%を合計したものである。国と地方は異なる事業体であるため，この事実が二重課税であるとは言い難いが，形式的には同じ形態の税が1つの課税ベースに重複してかかっていることになる。同じようなことは個別消費税にも言える。たとえば，2017年において，定価440円のたばこには国税と地方税がそれぞれ122.44円課されている。

　国と地方の消費税に関する重複は，垂直的外部性を通じた税収の不安定化を招く恐れがある。たとえば，ある地域の住民が域外で消費する動機を持たない状況で，その地方政府が地方消費税率を引き上げるとしよう。増税がその地域の財価格を引き上げるとき，住民は財の購入を控えるだろう。その結果，国は

101

税率を変えていないにもかかわらず消費税収を減らしてしまうことになる。

　こうした現象を回避する1つの策として，地方政府の課税自主権を制限することが考えられる。課税自主権とは，税目の決定，税率の選択，税額の徴収に関する権利のことである。たとえば，地方消費税は地方税法の下で上記の一定税率に定められており，またその税額は国によって一旦徴収され，一定のルールに基づいて地方に按分されている。

　地方政府に対して課税自主権を制限する別の根拠として，租税輸出の回避が考えられる。たとえば，住民が域外に移動して財消費を行う可能性がある状況で，地方政府に課税自主権が認められている場合を考えてみよう。減税によって財価格を他地域より低くすることができれば，域外からの需要者が増加する。その結果として財の販売量が増加すれば，税収の増加が期待できる。このとき，税収の一部はその地域の公共サービスを利用しない域外の消費者によって支払われることになる。このことは，本来地域内住民が負担すべき税額が域外に輸出されているに等しい。

　異なる税目が同一の課税ベースに重複してかかるときの弊害などを考える上では，まずそれぞれの税目の特性を理解することが重要である。以下では，個別消費税と一般消費税のそれぞれに関する基本的な特徴について説明する。

第1節　個別消費税

1　消費税の転嫁・帰着

　ある競争的な財の市場に注目する[2]。この財に従量税が課されていないとき，需要者と供給者の行動パターンはそれぞれ**図表6-1**の需要曲線Dと供給曲線Sで表される。このときの均衡は点Aで表わされ，均衡価格はp_A，均衡取引量はx_Aとなる。いま，政府がこの財1単位当たりにt円の従量税を課したとする。従量税は経済にどのような影響をもたらすだろうか。

　税負担を避けたい供給者は税を価格に上乗せする形で店頭価格を設定しようとするだろう。任意の供給量に対して課税前よりも常にt円高く価格が設定

されるため，供給曲線がSからS'に上方シフトする。一方，需要者は店頭価格を見ながら財の購入量を決める。税額に応じて財の購入量が変わることはないので，需要者の行動パターンは課税後も課税前も同じ需要曲線Dで表される。

供給曲線S'は，もし課税前の均衡取引量x_Aが維持されるならば，企業が店頭価格を店頭価格をp_A+tに設定することを示している。一方，需要曲線Dより，p_A+tの店頭価格に対して需要者はx_1だけ財を購入する。p_A+tという価格設定では超過供給が生じるため，値下げによる在庫の調整が必要になる。価格の調整メカニズムを通じて，経済は新しい均衡点Bに収束するだろう。点Bは点Aよりも左上に位置しているため，従量税がかかることによって，均衡価格は課税前よりも高く，均衡取引量は課税前よりも少なくなる。

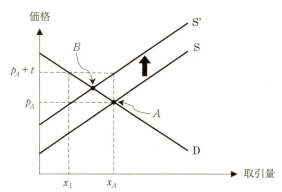

図表6-1　従量税と均衡のシフト

図表6-2は図表6-1を2つの均衡点の座標に注目して整理したものである。均衡点Bにおける価格はp_B，取引量はx_Bである。点Aと点Bの縦の差p_B-p_Aは，従量税が課されたときの店頭価格の上昇分を表しており，言い換えると需要者が財1単位を購入するときの課税に伴う負担の増分を意味する。2つの供給曲線の縦の差は単位当たり従量税t円を表しているので，図より，$p_B-p_A<t$であることがわかる。つまり，需要者は価格の上昇を通じて税の一部

しか負担していないのである。この市場には需要者と供給者しかいないので，需要者が負担しなかった残りの税額は供給者が負担することになる。

それでは，供給者と需要者はそれぞれどれだけ消費税を負担しなければならないのだろうか。この問いに対する答えは市場の構造や財の特性と関係している。たとえば，**図表６－３**で示されているような２つの市場を取り上げてみよう。２つの市場の違いは需要曲線の傾きにある。**図表６－３**(a)は，需要曲線の傾きがきつく，したがって財の価格が上昇してもなかなか客離れが起こりにくいことを表している。一方，**図表６－３**(a)のように需要曲線の傾きが緩やかな場合，財の価格がわずかに上昇しただけで多くの需要が失われる。

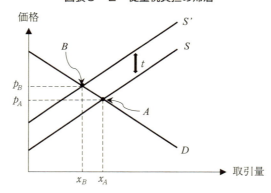

図表６－２　従量税負担の帰着

これまでの議論と同じように，政府は各市場に対して財１単位当たり t 円の従量税を課すものとする。**図表６－３**において，課税前の供給者の行動パターンは供給曲線 S で示され，課税後のそれは供給曲線 S' で示されている。点 A や点 C は課税前均衡点であり，p_A や p_C は課税前の店頭価格である。一方，点 B や点 E は課税後均衡点であり，p_B や p_E は課税後の店頭価格である。**図表６－２**で説明した通り，課税前と課税後の店頭価格の差が需要者に帰着する税負担である。したがって，**図表６－３**(a)のように価格が上昇しても需要が減少しにくい財の場合，従量税は供給者よりも需要者により多く帰着する。価格

第6章　消　費　税

の上昇に対して客離れが起こりにくいので，供給者は税負担を需要者に転嫁さ
せ，その結果として店頭価格が釣り上がるのである。一方，**図表6－3**(b)の
ように価格に対して需要が敏感に反応する財の場合，税負担を需要者に転嫁さ
せるために価格を引き上げようとすると，たちまち大きく客離れが生じてしま
う。このような財の市場では，従量税の負担は供給者の方により多く帰着する
ことになる。

図表6－3　従量税の帰着

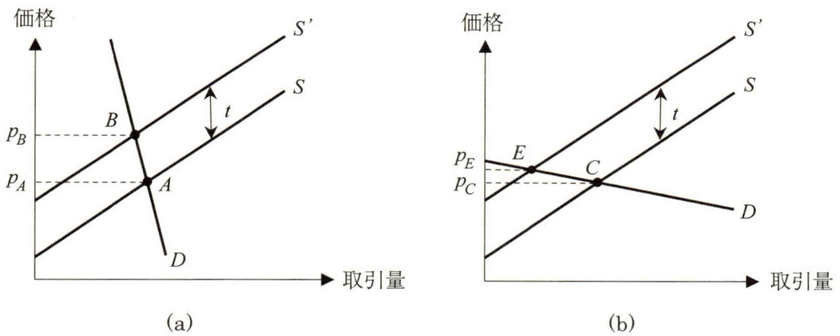

(a)　　　　　　　　　　　　　　　(b)

2　従量税と逆弾力性の命題

　税の転嫁や帰着の問題を捉えることは税負担の公平性を考える上で重要であ
る。一方で，経済社会に歪みをもたらさないような効率的な税のあり方を考え
ることも重要である。以下では，社会厚生上の歪みを抑えるような従量税のあ
り方について説明していく。

　図表6－4(a)の点Aは従量税を課す前の均衡点を表している。この図にお
いて，需要曲線Dと価格p_Aにおける水平線で挟まれた領域CSの面積が需要者
の厚生を表す消費者余剰であることが知られている。一方，供給曲線Sと価格
p_Aでの水平線に挟まれた領域PSの面積は供給者の厚生を表す生産者余剰であ
る。このときの社会厚生を需要者と供給者の厚生の和である社会的余剰によっ

105

て表すならば，それはCSとPSの面積を足し合わせた大きさに等しくなる。

　従量税が課せられると，**図表6-4**(b)のような形で供給曲線が上方シフトし，課税後の均衡点は点Bになる。課税前と同じように，需要者の厚生を表す消費者余剰は需要曲線Dと価格p_Bでの水平線で挟まれた領域の面積で表される。また，生産者余剰は供給曲線S'と価格p_Bでの水平線で挟まれた領域の面積で表される。

　図表6-4(b)では，政府が従量税を課していることに注意されたい。税収は道路や上下水道の整備，治安の維持など，市場の経済活動を支える事業に充てられるため，税収も社会厚生の一部を構成すると考えられる[3]。**図表6-4**(b)において2つの供給曲線の縦の差が財1単位当たりの税額tを表している。均衡点Bではx_Bだけ財が取引されるため，従量税収は**図表6-4**(b)における2つの供給曲線で囲まれた菱形の領域の面積で表される。課税後の社会的余剰は，消費者余剰，生産者余剰および税収を足し合わせた大きさとなる。

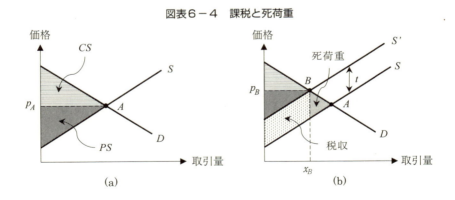

図表6-4　課税と死荷重

　図表6-4(b)は，従量税を課すことによって死荷重と呼ばれる社会の歪みが発生し，社会厚生が縮小することを表している。死荷重は，需要曲線D，課税前供給曲線Sおよび点Bを通る垂線で囲まれた三角形の領域の面積に相当する。治安や生活基盤整備のために従量税収が必要であるとすれば，如何に死荷

重を抑えながら従量税を用いるのかを考えなければならない[4]。

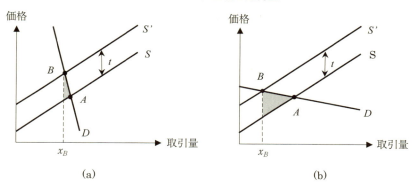

図表6－5　従量税と死荷重

図表6－3のときのように，需要曲線について極端な特徴を持つ2つの財に注目したい。**図表6－5**(a)は価格の上昇に対して需要が減少しにくい財の市場を表している。一方，**図表6－5**(b)は価格の上昇に対して需要の減少が大きい財の市場を表している。前者の死荷重は後者に比べて小さいことが見てとれる。課税に伴って価格が上昇しても市場の取引量が大きく変動しないため，**図表6－5**(a)の方が経済取引に税が及ぼす歪みが小さくなる。

図表6－5が示す結果はラムゼイ・ルールと呼ばれる最適課税ルールのうち逆弾力性の命題として知られている。この命題は，死荷重を抑える上で価格に伴って需要が変動しにくい財に従量税を課すべきであるというものである。このような財として食料品や医薬品などの生活必需品が挙げられる。

逆弾力性の命題は死荷重という社会的な超過負担の抑制に着目した結果であり，効率性からみた最適課税ルールではあるものの，公平性は重視していない。**図表6－3**で説明したように，需要曲線の傾きがきついとき，従量税とともに消費者価格は大きく上昇する。このような特徴をもつ生活必需品への課税は低所得者層の生活を圧迫する可能性がある。つまり，効率性を重視するのか，それとも公平性を重視するのかで，従量税のあるべき姿が変わってくると言える。

第2節　一般消費税

1　小売売上税と付加価値税

　日本の一般消費税は，一見すると小売段階での取引額を対象としているが，小売売上税とは全く異なる形態の税である[5]。まず，課税の対象は小売段階だけでなく製造段階や卸売段階の取引にも及ぶ。また，課税ベースは，取引によって生じる売上高そのものではなく，売上高から仕入高を差し引いた付加価値である。

　小売段階での売上高を対象とする小売売上税はアメリカやカナダの州税として採用されている。ここでいう小売とは必ずしも小売業者による財の販売を意味するのではない。製造業者や卸売業者による財供給であっても最終消費財に関する取引であれば課税の対象となる。税務行政を円滑に遂行するためには，事前登録制度のような形でどの事業者がどこで最終財の販売に携わるのかを把握する必要がある[6]。

　また，小売売上税の場合，財の購入者が個人ではなく事業者であったとしても，購入したものが原材料などの中間財にあたらなければ課税の対象となり得る。事業者の中には学校や病院，政府などの公的な機関が存在する。公的な事業を円滑に遂行する上で，これらの機関が携わる取引を小売売上税の対象から外すことも求められる。

　一方，日本で採用されているような一般消費税でも特定の取引を課税の対象から外したり減税の対象とすることがある。この1つの理由として後述する逆進性の問題が挙げられるが，特定の財取引のみに税の優遇措置を設けてしまうと，却って各事業者の事務処理コストや税務行政上のコストを引き上げる可能性がある。各事業者の事務処理負担を軽減しながら一般消費税を運営するならば，小売売上税のように特定の取引段階だけを税の対象にするのではなく，全ての取引段階に対して一律の課税するほうが望ましいかもしれない。

　日本において1948年頃に短期的に導入されていた取引高税は製造段階から小

第6章　消　費　税

売段階までにわたる複数の取引段階を課税の対象とした多段階型消費税の典型
である。しかしながら，取引高税は事業体間の垂直的統合を誘発しかねない。
この税は取引の度に売上高に比例して税が課される。そのため，取引高税の実
質的な税負担は製造段階から小売段階に移行するにつれて累積することになる。
このことは，小売段階に至るまでに取引回数が多いほど累積する税負担が大き
くなることを意味する。累積した税負担は競争市場において事業活動の足枷と
なりかねない。そこで，税負担を軽減する目的から関連事業者同士が統合して
取引回数を減らす動機を持つ可能性がある。

　事業者間の垂直的統合は財閥のような価格支配力を持つ事業体の形成につな
がる。上述のとおり取引高税はこのような事業体の形式につながるおそれがあ
るが，その主な要因は，取引を重ねるごとに税が累積する仕組みにある。多段
階型の消費税構造をとりながら価格支配力を持つ事業体の発生を妨げるには，
取引を重ねても税が累積しない仕組みが必要である。売上高から仕入高を差し
引いた付加価値を課税ベースとする付加価値税は，このような条件を満たす税
である。

図表6－6　課税前における取引の流れと付加価値

	製　造	卸　売	小　売	消費者
仕入・消費	－	200	500	750
売　　上	200	500	750	
付 加 価 値	200	300	250	

　付加価値税の特徴を捉えるために**図表6－6**のような取引の流れを考えてみ
よう。製造業者は卸売業者に200で商品を出荷し，卸売業者は仕入れた200の商
品を独自の販売網を生かして500で小売業者に納入する。小売店は宣伝活動な
どを通じて消費者を呼び込み，この商品を750で販売する。消費者は購入した
商品を加工・転売しないので売り上げは生じない。簡単化のために，製造業者
は商品の製造に必要な資材をもともと保有しており，仕入額は無視できるほど

109

小さいものとする。付加価値は各事業者の売上高から仕入額を差し引いて算出できるので，各事業者のそれは**図表6−6**のように表される[7]。

いま，政府が10%の付加価値税を課したとする。便宜的に**図表6−6**の付加価値を変えないように税を考慮した形で各取引段階の金額を調整したものが，**図表6−7**である。たとえば小売段階の課税前売上高800には製造段階と卸売段階の売上高と税額が含まれている。付加価値税は仕入額550を差し引いた金額250に税率をかけて算出されるが，この仕入額550には製造段階と卸売段階における売上高と税額が含まれている。したがって，小売段階に課される税額25を算出する際に，製造段階や卸売段階の税額が取り除かれているといえる。取引高税の場合，こうした仕入額の控除は行われないので，取引段階が下流に向かうにつれて税の累積が生じる。

図表6−7　付加価値税と取引の流れ

	製　造	卸　売	小　売	消費者
仕入・消費	−	220	550	825
課税前売上	200	520	800	
付加価値（A）	200	300	250	
付加価値税 （A×10%）	20	30	25	
課税後売上	220	550	825	

また，付加価値税と小売売上税には次のような関係がある。**図表6−6**の例において10%の税率で小売売上税を課したとしよう。小売売上税は最終消費財の売上高にかかるので，その税額は

$$750 \times 10\% = 75 \tag{1}$$

となる。一方，各事業者が生み出す付加価値は取引高と仕入高の差で表されるため，10%の税率で付加価値に税を課す場合，各事業者が被る付加価値税額は**図表6−7**のようになる。したがって，付加価値税の総額は

第6章 消　費　税

$$20 + 30 + 25 = 75 \tag{2}$$

となる。(1)と(2)より，課税方法は異なるものの，小売売上税と付加価値税の税収は等しくなる。

　小売段階の取引のみを対象としている小売売上税の場合，小売段階で租税回避行為が行われてしまうと税収の不安定化を招いてしまう。そのため，複数の取引段階に分散して税を徴収する付加価値税の方が税収の安定化が期待できる。また，付加価値税の場合は税を算定するにあたって仕入額も必要である。納入先だけでなく仕入元の目線も入るため，小売売上税に比べれば租税回避行為は容易ではない。

2　帳簿方式とインボイス方式

　付加価値税の算定方法には大きく分けて帳簿方式とインボイス方式の2種類がある。帳簿方式では，まず売上高から仕入額，つまり仕入元の売上高を差し引いた付加価値を算出し，その金額に税率をかけて税額を算定する。前段階の取引による売上高を差し引くので，帳簿方式は前段階売上高控除方式とも呼ばれる。一方，インボイス方式では，まず売上高に税率をかけて，そこから仕入元が取引の際に発行した送り状（インボイス）に記載されている税額を差し引く。送り状に記載されている税額は，仕入元が前段階の取引の際に被った税額である。そのため，インボイス方式は前段階税額控除方式とも呼ばれる。ヨーロッパではインボイス方式が採用されているが，日本では消費税導入当初から帳簿方式が採用されてきた[8]。

　全ての取引に同じ税率を設定する限り，帳簿方式とインボイス方式に実質的な違いはない。しかしながら，日本では社会政策的な配慮を理由に学校教育に関する入学金や授業料，介護保険サービス，義肢など障害者用の物品の譲渡や修理などについて税率をゼロとする非課税措置が取られている。また，零細事業者の事務処理と税務行政負担の両方を軽減するために，前々年度の課税対象となる売上額が1,000万円以下の事業者については，消費税を納める義務が免

111

除されている。ヨーロッパ諸国でも軽減税率の導入などを行っており，多くの国において複数の付加価値税率を設定しているのが実情である。

　図表6-8は，特定の取引に対して税の優遇措置を設けたときの帳簿方式とインボイス方式の違いを**図表6-6**の例に基づいて示したものである。どちらの方式の下でも10％の付加価値税率が設定されており，卸売段階の取引のみ非課税措置として税率が0％に設定されている。**図表6-8**(a)より，帳簿方式における卸売段階での税額は0である。一方，**図表6-8**(b)より，インボイス方式における卸売段階での税額は-20であり，卸売業者は20だけ税還付を受けることになる。

　帳簿方式の場合，卸売段階での取引は非課税となるものの，製造段階で価格に転嫁された税負担額を取り除くことはできない。一方，インボイス方式の場合，価格に転嫁された製造段階の税額を還付という形で取り除くことができる。この違いは，インボイス方式とは異なり，帳簿方式の下では各事業者が被る税額が仕入元の税額と独立して決まることに起因する。

　同じようなことは軽減税率を設定した場合にも言える。帳簿方式の場合，税控除額は仕入額に当事者が被る税率をかけた額となる。当事者と仕入元の税率が異なる場合，税控除額は仕入元が被る税額とは一致しない。また，実際には様々な業者と取引を交わすことにも注意すべきである。財や取引内容によって複数の税率が設定されている場合，帳簿方式では価格に転嫁された税額を正確にとりぞくことは困難である。社会政策的な配慮から税の優遇措置を設けるのであれば，インボイス方式の方が適しているといえる。

第6章　消　費　税

図表6－8　課税方式と租税優遇措置

(a)　帳簿方式の場合

	製　　造	卸　　売	小　　売
課税ベース（付加価値：A）	200	300	250
税額	A×10％＝20	A×0％＝0	A×10％＝25

(b)　インボイス方式の場合

	製　　造	卸　　売	小　　売
課税ベース（売上額：B）	200	500	750
粗税額（C）	B×10％＝20	B×0％＝0	B×10％＝75
税控除額（D）	0	20	0
純税額（C－D）	20	△ 20	75

　一方，インボイス方式のもとでは優遇措置を取られた取引より下流の取引で税負担が増大する。**図表6－7**と**図表6－8**(b)を比べると，インボイス方式の下で卸売段階の取引に非課税措置を設けることで，小売段階の税額が25から75に増大する。税控除額が前の取引段階で発生した粗税額で決まるため，小売業者に税額のしわ寄せが生じているのである。**図表6－8**(a)から明らかなように，このようなしわ寄せは帳簿方式では生じない。

　もっとも，直接的な税の負担者は各事業者であるとはいえ，彼らが税額を価格に転嫁して取引を行う場合，税は累積した形で消費者に帰着する。**図表6－8**を用いて小売段階における税の総累積額に注目してみよう。帳簿方式の下でのそれは

$$20 + 25 = 45 \tag{3}$$

である。一方，インボイス方式の下では，

$$20 - 20 + 75 = 75 \tag{4}$$

113

である。(1)-(4)より，インボイス方式の場合，小売売上税や優遇措置を伴わない付加価値税と同じ額だけ消費者に税が帰着するが，帳簿方式ではこのような結果は得られない。この結果は，帳簿方式に比べてインボイス方式の方が税収を安定化させられることを示唆している。

3　簡易課税制度と益税

帳簿方式は帳簿の管理や保存といった事務処理負担を各事業者に強いるため，中小零細企業の経営を圧迫しかねない。こうした負担を取り除くためにわが国では簡易課税制度が設けられている。簡易課税制度は，売上高にみなし仕入れ率をかけることによって概算の仕入高を算出する制度である。みなし仕入れ率は，**図表6-9**に記載されている通り，事業によって異なっている。制度を活用するためには，前々年度の課税売上高が5,000万円以下であるという要件を満たし，かつ必要書類を事前に届け出ることが必要である。

図表6-9　簡易課税制度におけるみなし仕入率

卸売業	小売業	製造業等	サービス業等	不動産業	そのほか
90%	80%	70%	50%	40%	60%

（出所）　財務省HPを参考に筆者作成。

簡易課税制度におけるみなし仕入れ額は実際の仕入れ額と乖離するため，いわゆる益税を生み出すことが知られている。**図表6-6**の例に対して小売業者の取引にみなし仕入率80%を適応させてみよう。みなし仕入額は

$$750 \times 80\% = 600 \tag{5}$$

となり，卸売業者が被る税額は

$$(750 - 600) \times 10\% = 15 \tag{6}$$

となる。**図表6-7**より，本来の税額は25である。みなし税率によって実質的に10だけ小売段階での税負担が軽減されている。

114

通例，スーパーなどの領収書には財の販売価格に税率をかけた金額が消費税額として記載されている。上の例でいえば，小売業者による財の販売価格は750であり，それに10％をかけた75が消費税額として消費者に請求される。しかしながら，簡易課税制度の下では，そのうちの10は納税されないまま小売業者の手元に残る。消費者には税として75を請求しながら，その一部が簡易課税制度を利用した事業者の手元に収益としてとどまってしまうのである。

4　一般消費税と逆進性

一般消費税は高所得者に比べて低所得者の税負担を重くする逆進的な税であるという指摘がある。消費税の下では消費をしなければ税負担が発生しないので，所得のうち貯蓄に回した金額には税がかからない。食料品や医薬品などの日々の暮らしに欠かせない生活必需品の消費は切り詰めることが困難である。そのため，低所得者ほど所得に占める消費の割合が大きくなりやすく，所得に占める消費税負担の割合が大きくなりやすい。一方，高所得者は生活必需品以外に高額な嗜好品をたくさん購入するかもしれない。しかし，嗜好品を無理に購入する必要はないので，嗜好品消費をやめてその金額を貯蓄に回せば，所得に占める消費税負担を軽くすることができる。高所得者ほど，消費税負担について選択の自由度が高いと言える。

図表6－10　消費のタイミングと所得の関係

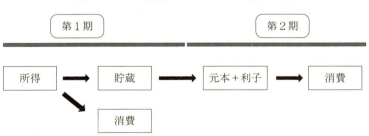

ただし，このような見解は必ずしも正しいとは言えない。消費税が逆進的で

あるかどうかは，税負担を測るときの期間の長さと関係する。たとえば，**図表6－10**のように，人生を大雑把に第１期と第２期の２期間から成るとしよう。第１期は働いて所得を獲得する労働期であり，第２期は職場を引退して余生を過ごす引退期である。第１期の期首に個人は労働して所得を獲得し，その一部を第１期消費に充てる。第２期には働けなくなるので，退職後の生活を維持するためには予め第１期から貯蓄をしておく必要がある。そこで，人々は労働所得を第１期消費と貯蓄に振り分ける。貯蓄は第２期の期首に利子付きで償還されるものとする。償還された元本と利子は，第２期消費に充てられる。話を単純化するために，第２期の元本や利子は，子供や孫への遺産や贈与に充てられず全額第２期のうちに消費に充てられるものとする。

いま，第１期の期首に消費税が導入されたとしよう。上述の話に基づけば，個人は消費税負担を避けるために第１期消費を切り詰めて貯蓄を増やすかもしれない。しかし，貯蓄の元本や利子は第２期消費に充てられるので，第２期消費が増加する分だけ第２期の消費税を多く負担しなければならない。図が示すように，第１期と第２期の消費の源泉をたどると，必ず第１期期首で獲得する所得に行きつく。したがって，一生涯で獲得する所得が高い人ほど，一生涯で負担する消費税額は大きくなる。少なくとも生涯所得に注目したときには，消費税は垂直的に公平な税であると言える。

長期的な視点において累進的な税であるとはいえ，消費税は財・サービスの価格高騰を引き起こし，低所得者層の日々の暮らしを圧迫する可能性がある。このような問題を回避する１つの方法として，生活必需品に対する消費税の軽減または免除が考えられる。しかし，生活必需品と嗜好品の線引きは難しく，また線引きすることによって得をする業界と損をする業界が現れ，税の中立性が損なわれる恐れがある。線引きの際に特定の利益団体の意向が反映される懸念もある。

所得税は短期的にも累進性を持つので，所得税を用いて消費税の短期における逆進性を打ち消す方法も考えられる。ただし，各種所得控除によって低所得者がそもそも所得税負担を免除されている場合，彼らにとって所得税はあって

第6章　消　費　税

もなくても係りがない。したがって，所得税と消費税を併用してもこうした低所得者が消費税から被る税負担感を軽くすることはできない[9]。しかしながら，他の制度と併用する形で特定の税の欠点を補うという発想は1つの重要な視点である。

〔注〕
1)　金子（2013）は，一般消費税を導入する以前の日本において個別消費税に従量税と従価税が併用されていたと述べている。また，イギリスやドイツ，フランスでは，たばこに対して従量税とともに従価税が課されている。
2)　本節の議論に関する参考図書として，たとえば Myles（1995）や土居（2002），井堀（2003），西村（2013）が挙げられる。
3)　消費者余剰や生産者余剰は，厚生を金銭的に評価したものである。そのため，これらの余剰を税収と単純に足し合わせることができる。
4)　従価税でも従量税と同じように死荷重が発生することが知られている。また，Suits and Musgrave（1953）などは，同じ生産量を導く従量税と従価税を比較した場合，不完全競争市場では税収や価格，死荷重が異なることを指摘している。
5)　一般消費税に関するより詳細な議論については，たとえば神野（2002）や重森等（2009），土居（2017），森信（2010）などが挙げられる。
6)　たとえば財団法人自治体国際化協会（2000）を参照されたい。
7)　税務会計上の都合から，日本の現行制度では付加価値を算定する際に取引高から差し引く仕入等控除額に建物などの資産購入額や修繕費などが含まれる。税務会計上算定された付加価値は経済理論における付加価値の概念とは必ずしも合致しない。
8)　日本では，1989年に付加価値税が導入されたときから帳簿方式が取り入れられてきた。しかし，自己記帳に基づく帳簿方式では制度の信頼性が揺らぎかねない。そこで，1997年以降では，帳簿に加えて請求書などの証拠書類の保存が求められるようになった。
9)　消費税と所得税の併用に関するより詳細な議論については，たとえば森信（2010）を参考にされたい。

〔参考文献〕
井堀利宏『課税の経済理論』岩波書店，2003年。
金子宏『法律学講座双書　租税法　第18版』弘文堂，2013年。
財団法人自治体国際化協会「米国の州，地方団体における売上・使用税の概要」Clair Report No. 190, 2000。
神野直彦『財政学　改訂版』有斐閣，2007年。
重森暁，鶴田廣巳，植田和弘『Basic　現代財政学　第3版』有斐閣ブックス，2009

117

年。

西村幸浩『経済学叢書財政学入門』新世社，2013年。

森信茂樹『日本の税制　何が問題か』岩波書店，2010年。

土居丈朗『入門公共経済学』日本評論社，2002年。

----------『入門財政学』日本評論社，2017年。

Myles G.D., *Public Economics*, Cambridge University Press, 1995.

Suits D.B. and R.A. Musgrave, 1953, Ad valorem and unit tax compared, *The Quarterly Journal of Economics* 67, 598－604.

日本の医療費増加の犯人は誰？

　1990年度に20.6兆円であった日本の国民医療費は，一貫して増加し2014年度には40.8兆円に達している（**コラム図表3-1**）。このような医療費の増加は財政上の大きな問題になっており，政府は医療費抑制に取り組んでいる。このコラムでは，日本の医療費が先進諸国と比較しても高い水準になのか。そして，医療費増加の要因について考える。

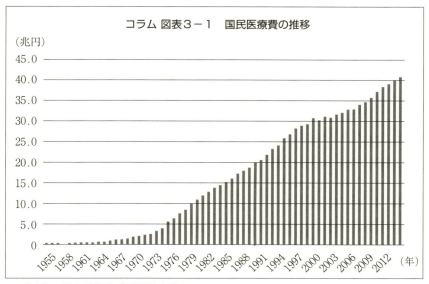

コラム 図表3-1　国民医療費の推移

（資料）　厚生労働省「国民医療費」

まず，日本の医療費が国際的にどのような水準にあるか検討する。医療費の国際比較に用いられる指標として，OECDによる医療費の対GDP比がある（コラム図表３－２）。

コラム図表３－２　医療費対GDP比（OECD上位10か国，日本およびOECD平均）

	2005				2015	
	国　　名	対GDP比（％）			国　　名	対GDP比（％）
1	米国	14.5		1	米国	16.9
2	スイス	10.3		2	スイス	11.5
3	ドイツ	10.2		3	日本	11.2
4	フランス	10.2		4	ドイツ	11.1
5	オーストリア	9.6		5	スウェーデン	11.1
6	ポルトガル	9.4		6	フランス	11.0
7	オランダ	9.4		7	オランダ	10.8
8	アイスランド	9.2		8	デンマーク	10.6
9	デンマーク	9.1		9	ベルギー	10.4
10	カナダ	9.1		10	オーストリア	10.4
17	日本	8.1				
	OECD平均	8.1			OECD平均	9.0

（資料）　OECD Health Statistics 2016

　コラム図表３－２を見ると，米国が最も高く2005年の14.5％から2015年の16.9％に増加している。また，OECD平均も2005年の8.1％から2015年9.0％に増加しており，OECD全体でも対GDP比の医療費が増加傾向にある。日本の対GDP比は，2005年に8.1％でOECD平均と同じ水準であった。このころは，日本の医療費の対GDP比が先進国のなかでは平均的，もしくは低いほうであるとの議論がなされることがあった。しかし，2015年には11.2％に上昇しOECD 35か国中３番目に高い水準になっている。これは，近年のGDP比でみた日本の医療費が国際的にも高い水準で，その増加のスピードも高いことを示している。

　では，医療費の伸びの要因は，何なのであろうか。これまでの研究により，医療費の増加をもたらすさまざまな要因が指摘されてきた。ここでは，高齢化，

コラム3　日本の医療費増加の犯人は誰？

所得，疾病，医療技術の進歩や普及，供給者誘発需要といった要因について考察する。

　年齢を重ねるに従って，医療費は増加していく（**コラム図表3－3**）。そのため，政府等の資料において，医療費の伸びの主な要因が高齢化であるような指摘がなされていることがある。

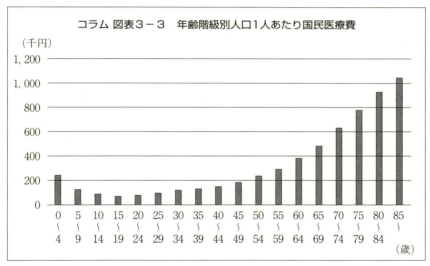

（資料）　厚生労働省「国民医療費」

　65歳以上の人口割合を示す日本の高齢化率は，2000年の17.4％から2014年の26.0％に上昇している。この間，総人口は大きく変化していないため，高齢者が増加することによって医療費が増加しているという指摘はもっともであるように思われる。しかし，高齢化が医療費の伸びに与える影響はそれほど大きくないことが，これまでの研究で指摘されている。たとえば，**コラム図表3－3**は高齢になるにつれて医療費が増加しているのを示しているのではなく，終末期にかかる医療費が大きいことを示しているのかもしれない。そうであるとすれば，一生のうちにかかる医療費の大きさはそれ程変化していないが，長寿に

よって高齢者の医療費が高くなっているように見えている可能性がある。このことから，医療費の伸びの主因が高齢化にあることを政府が言及しているのは，利害関係の調整が難しい医療制度の改革といった大きな問題から目を背けるためであるというレッド・ヘリング仮説もある。

　一般的に所得が増加すると，より多くの財，もしくは高品質の財を購入しようとする。これと同様に，所得の増加によって医療サービスへの支出も増えると考えられる。所得と医療費の関係を国際比較によって検討した研究では，医療費の伸びの要因として，所得の増加を指摘するものがある。しかし，2013年度の日本おける1人当たり県民所得と1人当たり国民医療費の関係を見ると，県民所得が最も高い東京都の国民医療費は296.3千円と低水準になっている（**コラム図表3－4**）。それに対し，県民所得が相対的に低い高知県の国民医療費は421.7千円と最も高くなっている。つまり，日本において県民所得と国民医療費に正の相関関係がなさそうに見える。日本では国民皆保険が達成され，医療サービスに公定価格制度が導入されているため，所得の増加と医療費の増加の

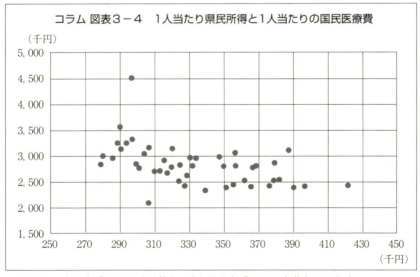

（資料）　内閣府「県民経済計算」，厚生労働省「国民医療費」より作成。

コラム3　日本の医療費増加の犯人は誰？

関係についての明確な結論はでていないようである。

　疾病の治療にかかる医療費は異なっている。日本の死因別死亡率が最も高いのは悪性新生物で，第2位が心疾患，第3位は肺炎である。特に，悪性新生物による死亡率は，年々上昇し続けている。健康診断の受診や生活習慣の改善によって，悪性新生物による死亡率を引き下げることができれば，医療費を抑えることができるかもしれない。

　次に，医療技術の進歩と普及の影響について考える。これまでの研究によると，医療技術の進歩と普及が医療費の増加をもたらしているという指摘がある。治療効果だけでなく，薬価が高額なことで有名なオプジーボというがん治療薬がある。2014年に承認されたオプジーボは100mg当たり約73万円で，年間では約3,500万円もの薬剤費がかかるものであった。そのため，厚生労働省は急遽2017年度からオプジーボの薬価を半額にし，医療費の増加を抑えようとした。このように，医療技術の進歩は医療費の増加に寄与するものと考えることができる。しかし，医療技術の進歩が医療費の削減に寄与するかもしれない。もしもオプジーボによってがんを完治させることができるのであれば，医療費を減らすことにつながるかもしれない。つまり医療技術の進歩は，医療費を増加させることも削減させることもあると考えられる。

　また，新開発された医療技術がどのようなものであるかによって，普及のスピードは異なると考えられる。上述したオプジーボのような薬剤は，承認されれば急速に普及していく。しかし，新しい手術方式や診断方法については，教育や投資が必要になってくるため，普及に時間がかかると考えられる。つまり，医療技術の定義によって，医療技術の普及が医療費の増加にもたらす効果は変わってくると考えられる。

　医療サービスは専門性の高い財であるため，供給者である医師とサービスを受ける患者の間に情報の非対称性が存在する。つまり，医師は医療サービスについて詳しく知っているが，患者はそのサービスについてよくわからないという状況のことである。このような情報の非対称性を利用して，医師が患者に不必要な医療サービスを提供することは供給者誘発需要と呼ばれている。しかし，

123

不必要な医療サービスを見分けることは難しい問題である。不必要な医療サービスが副作用など患者に損害を与えた場合，それが不必要であることはすぐにわかるであろう。しかし，患者に損害がない範囲で医師が薬剤を多めに処方することや，過剰な検査をおこなうことは，不必要な医療行為として見分けることが難しいと考えられる。このような医療行為には，日本の診療報酬制度が関わっているという指摘がある。日本では，医師が提供した医療サービスに応じて支払いが行われる出来高払い制度と，急性期の入院医療に対し疾病別の包括支払い制度であるDPC制度が導入されている。DPC制度では疾病ごとに支払額が決まっているため，不必要な診療を行うインセンティブがなくなる。その一方で出来高払い制度は，医療サービスの供給を増やすことができれば，病院の収入が増加することになるため，過剰な診療を引き起こしている可能性がある。

　また，医師が供給者誘発需要を行う動機として，目標所得仮説がある。安定して病院の経営を行っていくためには，収入を確保する必要がある。そのため，病院が空床になることを避けようと退院可能な患者の入院を継続させることがあると考えられる。また，患者の自己負担率を上げると患者は受診を控えるようになるため，医師の収入の低下が考えられる。収入の低下を防ぐために，医師はより多くの医療サービスを提供する可能性がある。このように，医師や病院が収入を確保するために，供給者誘発需要を発生させているという仮説を目標所得仮説という。供給者誘発需要の存在を確認できれば，医療費の増加の一因と考えることができるかもしれない。日本における供給者誘発需要の研究では，供給者誘発需要の存在を認める結果と否定する結果の両方がある。

　このように日本の医療費は年々増加しており，国際的にも高い水準になっている。そして医療費の増加には，高齢化，所得，疾病，医療技術の進歩と普及，供給者誘発需要といったさまざまな要因が作用していると考えられる。

コラム3　日本の医療費増加の犯人は誰？

〔**参考文献**〕

Chernew, M. E. and J. P. Newhouse (2012) "Health care spending growth,"in M. V. Pauly, T. G. McGuire, and P. P. Barros ed., Handbook of Health Economics, North Holland, pp. 1-43.

印南一路（2015）『再考・医療費適正化－実証分析と理念に基づく政策案』有斐閣。

田近栄治・菊池潤（2014）「高齢化と医療・介護費－日本版レッド・ヘリング仮説の検証」『フィナンシャル・レビュー』117，pp. 52-77。

真野俊樹（2008）『医療経済学で読み解く医療のモンダイ』医学書院。

第7章 環　境　税

　近年，二酸化炭素等の温室効果ガスの増大により，地球温暖化が重大な問題となっている。また，PM 2.5等の大気汚染についても深刻な問題となっている。このような環境問題を解決するための経済的な手段はあるのだろうか。このような環境問題に対する経済的手段の１つとして，環境税が挙げられる。環境税とは，「汚染の排出抑制を目的とし，課税の対象が環境に負荷を与える物質の排出に課される税である」（栗山・馬奈木，2009，p.76）とされている。たとえば，環境税の例として，企業が財を生産する過程において，二酸化炭素を排出する場合に，この財の生産に伴い排出される二酸化炭素の排出量に対して課税するものが挙げられる。このような課税対象となる排出物が二酸化炭素である場合，その課税は炭素税とも呼ばれる（前田，2010，p.204）。

　日本では，全化石燃料の利用に対して二酸化炭素排出量に応じて課税する地球温暖化対策のための税が，2012年10月１日から段階的に施行され，2016年４月１日に導入当初に予定された最終税率への引き上げが完了されている（環境省，2016）[1]。

　環境保全を目的として，環境税を導入し，その税率を高くすることは，企業による財の生産活動を抑制するために，それに伴い汚染排出が減少し，環境改善に効果をもたらす可能性があると期待できる。しかしながら，企業による財の生産活動が抑制されると，財市場において家計の財を消費することによる便益や企業の財を販売することによる利潤に影響を与える可能性もあると考えられる。

　このように，環境税を導入し，その税率をどのような水準に設定するべきかという問題は重要であると思われる。また，環境税の導入に関して，環境税の対象となる二酸化炭素等の大気汚染に注目すると，環境被害として越境汚染の

問題も考慮して検討することも必要である。

　そこで，本章では，第1節から第4節においては，汚染排出企業による財の生産活動は社会的に望ましいのだろうかという問題や環境税を導入することの効果について，簡単なモデルを用いて経済学的な観点から説明する。そして，第5節から第7節においては，越境汚染が存在する場合の汚染排出国の環境税の政策決定について経済学的な観点から説明する。

第1節　汚染排出企業による財の生産活動

　完全競争市場を想定し，企業と家計との間である財の取引が行われている状況を想定する。企業は財の生産活動を行うが，財の生産に伴い汚染物質が排出されるとする。家計は財を消費することにより，便益を得る。企業による財の生産に伴い排出される汚染物質は環境を悪化させ，家計に被害を及ぼすとする。すなわち，企業の財の生産活動は，汚染物質排出を通じて環境を悪化させ，家計に被害を及ぼすため，負の外部性を伴っているといえる[2]。

　いま，家計の財の需要量をQ^D，財の価格をp，財に対する最大支払意思額をaと表し，家計による財の需要関数を次のように表す。財に対する最大支払意思額 a については，$a > 1$を仮定し，十分大きな値であるとする。

$$Q^D = a - p \tag{1}$$

　また，企業による財の供給量をQ^S，財の生産の効率性に関するパラメーターをθと表し，企業による財の供給関数を次のように表す。財の生産の効率性に関するパラメーターθについては，$0 < \theta < 1$を仮定する。

$$Q^S = \theta p \tag{2}$$

　他方，企業の財の生産活動に伴い，汚染物質が排出されるため，環境が悪化されている。企業が財を1単位生産することに伴い，汚染物質が1単位排出されるとする。この汚染物質排出における限界的な環境被害額を次のように表す。

128

ここで，限界的な環境被害額を MD と表す。

$$MD = kQ \tag{3}$$

限界的な環境被害額(3)式において，k は企業が財の生産を1単位追加的に増加させたときに，限界的な環境被害額がどの程度増大するかを表す正の値のパラメーターである。したがって，汚染物質排出による限界的な被害額とは，汚染物質が追加的に1単位増加したときに，環境への被害額がどれだけ増加するかを表している。

いま，企業は，このような汚染排出による環境被害を考慮せずに，自社の利潤を最大化するように財の生産量を決定するとする。

需要関数(1)式と供給関数(2)式より，市場の需要曲線と市場の供給曲線を図示すると次のようになる。

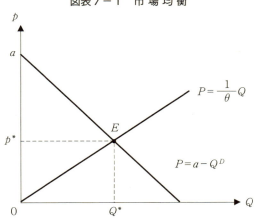

図表7－1 市場均衡

市場均衡における価格の水準は，需要関数(1)式と供給関数(2)式により需要と供給が一致する条件を満たすような価格水準となる。**図表7－1**において，市場均衡は E 点となる。したがって，(1)と(2)式より均衡価格は次のように求められる。ここで，均衡価格を p^* と表す。

129

$$p^* = \frac{a}{\theta + 1} \tag{4}$$

また，均衡価格における財の取引量は，均衡価格(4)式を需要関数(1)式あるいは供給関数(2)式に代入することによって，次のように求められる。ここで，均衡における財の取引量をQ^*と表す。

$$Q^* = \frac{a\theta}{\theta + 1} \tag{5}$$

市場均衡での企業の財の生産活動においては，企業は汚染物質排出による環境への被害については考慮されていなかったが，社会的に望ましい財の生産活動が行われているのだろうか。

第2節　社会的に望ましい財の生産活動

ここでは，社会的に望ましい財の生産活動について考察する。企業の生産活動において生じる財の生産費用のみならず，汚染物質排出による環境被害額も考慮した社会全体の費用について考察する。まず，社会的限界費用を財の生産の限界費用と汚染物質排出による限界被害額の和として定義する。したがって，社会的限界費用は次のように表される。ここで，社会的限界費用をSMCと表す。

$$SMC = MC + MD \tag{6}$$

社会的限界費用(6)式の右辺第一項目は，財の生産における限界費用を表している。これは，企業が1単位追加的に財を生産すると，どれだけ財の生産費用が増加するかを表している。次のような供給関数(2)式を価格について解いた(7)式が，財の限界費用を表している。

$$MC = \frac{Q}{\theta} \tag{7}$$

したがって、社会的限界費用は、(6)式に財の生産における限界費用(7)式と環境への限界被害額(3)式を代入することによって、次のようになる。

$$SMC = \frac{Q}{\theta} + kQ \tag{8}$$

(8)式は企業が財を1単位追加的に生産したときに、社会全体の費用がどれだけ増大するかを表している。

他方、家計は財を消費することにより便益を得るため、限界便益の概念を用いる。財の消費における限界便益とは、家計が財を1単位追加的に消費することによって、その家計の便益がどれだけ増大するかを表す。次のような需要関数(1)式を価格について解いた式である(9)式が財の限界便益を表している。

$$MB = a - Q \tag{9}$$

限界便益(9)式は、財の各消費水準において、家計が財を追加的に1単位消費したときのその財に対する評価額を表している。

限界便益(9)式と社会的限界費用(8)式を図示すると、次のようになる。

図表7-2　社会的に望ましい財の生産量

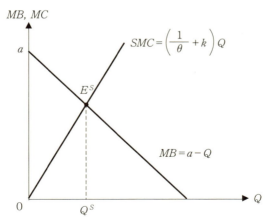

社会的に望ましい財の生産量はどのような水準だろうか。いま，限界便益 MB と社会的限界費用 SMC が一致する条件を満たす財の生産量を Q^S と表す。

　図表7－2より，財の生産量が Q^S よりも少ない場合は，限界便益 MB が社会的限界費用 SMC を上回っていることがわかる（$MB > SMC$）。すなわち，財の生産量が Q^S よりも少ない場合においては，財の生産量を限界的に増加させたときの便益の増加分の方が，社会全体の費用の増加分よりも上回っていることを意味している。したがって，このような状況においては，財の生産量を増加させた方が社会的に望ましくなる。

　他方，財の生産量が Q^S よりも多い場合は，社会的限界費用 SMC が限界便益 MB を上回っていることがわかる（$MB > SMC$）。すなわち，財の生産量が Q^S よりも多い場合においては，財の生産量を限界的に増加させたときの社会全体の費用の増加分の方が，便益の増加分よりも上回っていることを意味している。したがって，このような状況においては，財の生産量を減少させた方が社会的に望ましくなる。

　以上より，限界便益と限界費用に関して，$MB > SMC$ となるような財の生産量においては，財の生産量を増加させた方が望ましく，$MB < SMC$ となるような財の生産量においては，財の生産量を減少させた方が望ましくなるため，限界便益と社会的限界費用が一致する条件（$MB = SMC$）を満たす財の生産量 Q^S が社会的に最も望ましい財の生産量となる。

　したがって，(8)式と(9)式より，$MB = SMC$ を満たす社会的に最も望ましい財の生産量は次のように求められる。

$$Q^S = \frac{a\theta}{\theta + 1 + \theta k} \tag{10}$$

第3節　汚染排出企業による生産活動の効率性

市場均衡における財の生産活動が社会的に望ましいか否かについて考察する。図表7－1に社会的限界費用(8)式を示すと，次の図のようになる。

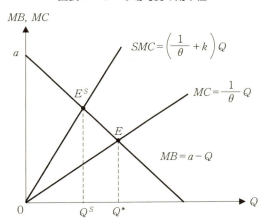

図表7－3　市場均衡の効率性

均衡における財の生産量(5)式と社会的に望ましい財の生産量(10)式の差をとると，次式のようになる。

$$Q^* - Q^S = \frac{ak\theta^2}{(\theta+1)(1+\theta k+\theta)} > 0 \qquad (11)$$

したがって，(11)式より，市場均衡における財の生産量は，社会的に過大な水準（$Q^* > Q^S$）であることがわかる。

次に，なぜ，市場均衡における財の生産量が過大な水準になるのかについて考察する。図表7－3より，均衡における財の生産量Q^*においては，財の消費による限界便益MBと財の生産における限界費用MCが等しくなることがわ

かる。ところが，この限界費用には，財の生産活動における環境被害については考慮されていない。Q^*においては，社会的限界費用SMCが限界便益MBを上回っていることがわかる。したがって，均衡における財の生産量Q^*は社会的に過大な水準であると考えられる。

第4節　環境税の効果

前節では，市場均衡での財の生産量が社会的に過大な水準であることがわかった。では，どのようにすれば，社会的に望ましい財の生産活動を実現することができるのだろうか。その一つの方法として，企業の財の生産活動に伴い排出される汚染物質の排出量に対して課税することが考えられる。このような課税は環境税と呼ばれる。環境税を課すことによって，企業による財の生産活動及び汚染物質の排出が抑制されるため，財の生産量が社会的により望ましい水準になる可能性がある。

いま，企業の財の生産活動に伴い排出される汚染物質排出量に対して環境税を課す状況を考え，企業により排出される汚染物質排出量1単位に対して，税率 t ほど課税する状況を想定する。企業は，財を追加的に1単位生産するときに，財の生産費用のみならず，t ほど環境税を支払うことになるので，課税後の限界費用は次のようになる。ここで，課税後の限界費用をMC'と表す。

$$MC' = \frac{Q}{\theta} + t \tag{12}$$

したがって，課税後の均衡における財の生産量は，限界便益(9)式と課税後の限界費用(12)式より，次のような条件$MB = MC'$を満たすような財の生産量となる。ここで，課税後の均衡における財の生産量をQ^{**}と表す。

$$Q^{**} = \frac{a\theta - \theta t}{1 + \theta} \tag{13}$$

いま、環境税率 t を次のような水準に決めるとする。

$$t = \frac{a\theta k}{\theta + 1 + \theta k} \tag{14}$$

すると、課税後の限界費用は次のように図示される。課税後の限界費用曲線を MC' と表す。

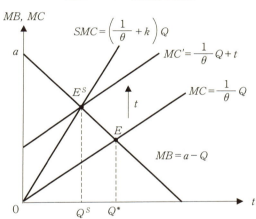

図表7-4 環境税の効果

図表7-4において、企業の限界費用曲線が、課税後には税率 t ほど上にシフトすることがわかる。環境税率が(14)式のような水準である場合は、課税後の均衡における財の生産量 Q^{**} は、社会的に望ましい財の生産量 Q^S と一致し（$Q^{**} = Q^S$）、次のようになる。

$$Q^{**} = \frac{a\theta}{\theta + 1 + \theta k} \tag{15}$$

したがって、政府が環境税を導入することによって、企業により決定される財の生産量を社会的に望ましい水準に一致させることができると考えられる。

これは，政府が企業に課す環境税率をコントロールすることによって，企業による財の生産量を社会的に望ましい水準に達成させる状況を示している。このように，外部性の発生者に自己の意思決定の外部にあった経済主体の費用を自己の意思決定の内部に組み込ませるため，外部性の発生者に課す税をピグー税と呼ばれている[3]（畑農・林・吉田，2014，p.61）。企業の汚染排出に対してピグー税を課すことによって，市場における社会的に非効率な財の生産活動を是正することができると考えられる。

　ただし，政府が環境税を導入し，環境税率を(14)式のような水準に設定し，財の生産量を(15)式のような社会的に望ましい水準にするためには，政府が汚染物質排出による環境被害額がどの程度なのかという情報を正確に把握することが必要である。また，政府は家計の財の消費から得られる便益に関する情報や企業の財の生産の効率性に関する情報についても正確に把握することが必要である。このような情報の問題をいかに解決していくかという点が，環境税率の水準の決定において重要な課題であると考えられる。

　また，汚染物質に関して，二酸化炭素等の大気汚染については，その被害が自国のみに限定されずに，越境汚染により，他国にも被害が及ぶと考えられる。しかしながら，このモデルにおいては，越境汚染を考慮して環境税に関する説明は行われていない。第5節以降では，このような越境汚染に注目して，汚染排出国の環境税に関する政策決定について，経済学的な観点から説明する。

第5節　環境税と越境汚染

　国Aと国Bの2国を想定する。国Aでは経済活動が盛んであり，財の生産に伴い汚染物質が排出され，大気汚染が問題となっている。この大気汚染の環境被害は国Aのみならず，越境汚染により国Bにも影響する。すなわち，国Aの財の生産活動は越境汚染を伴い，国Bにも環境被害を与えるので，負の外部性が生じていると考えられる。

　ここで，国Aは自国の環境を改善するために環境税を導入することを検討し

第7章　環　境　税

ている。国Aは自国内における企業の財の生産に伴い排出される汚染物質排出量に対して環境税を課す状況を考える。国Aは，環境税を導入し，環境税率の水準を決定する。

　国Aにおいて環境税が導入されると，国Aの財の生産活動は抑制され，財の生産に伴い排出される汚染物質排出量も減少するため，国Aの環境は改善する可能性がある。さらに，国Aにおける汚染物質排出量が削減することで，国Bに波及する汚染物質も減少し，国Bへの越境汚染の被害も改善する可能性がある。したがって，このような状況において，国Aにおける環境税の導入は，国Bへ波及する汚染物質排出量が減少し，国Bの環境も改善することで，正の外部性が生じていると考えられる[4]。

　いま，国Aが自国に環境税を導入することにより，国Aの環境が改善し，国Aの住民に与える限界便益をMB_Aと表す。国Aの限界便益MB_Aとは，国Aが環境税率を限界的に引き上げたときに，国Aの便益がどれだけ増大するかを表している。限界便益MB_Aは，環境税率に関して，減少関数であると仮定する。

　また，国Aが自国において環境税を導入することにより，国Aにおける企業の財の生産活動が抑制され，財の生産量が減少することによって，住民の便益と企業の利益に損失が生じる可能性がある。このような状況を環境税の導入における国Aの限界費用MCとして表す。すなわち，国Aの限界費用MCとは，国Aが環境税率を限界的に引き上げたときに，国Aにおける経済活動が縮小することによる費用がどれだけ増大するかを表している。限界費用MCは環境税率に関して増加関数であるとする。

　限界便益MB_Aと限界費用MCを図示すると，次のようになる。

137

図表7-5 汚染排出国の環境税率の決定

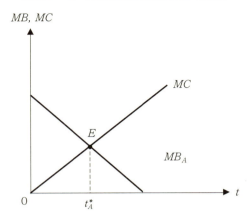

　国Aは環境税率をどのような水準に決定するのだろうか。限界便益MB_Aと限界費用MCが一致する条件を満たす環境税率をt_A^*と表す。

　図表7-5より，環境税率がt_A^*よりも低い税率の場合は，限界便益MB_Aが限界費用MCを上回っていることがわかる（$MB_A>MC$）。すなわち，環境税率がt_A^*よりも低い税率の場合においては，環境税率を限界的に引き上げたときの国Aの便益の増加分の方が，国Aの費用の増加分よりも上回っていることを意味している。したがって，このような状況においては，国Aは環境税率を引き上げた方が望ましくなる。

　他方，環境税率がt_A^*よりも高い税率の場合は，限界費用MCが限界便益MB_Aを上回っていることがわかる（$MB_A<MC$）。すなわち，環境税率がt_A^*よりも高い税率の場合においては，環境税率を限界的に引き上げたときの国Aの費用の増加分の方が，国Aの便益の増加分よりも上回っていることを意味している。したがって，このような状況においては，国Aは環境税率を低下させた方が望ましくなる。

　以上より，国Aの限界便益と限界費用に関して，$MB_A>MC$となるような環境税率の水準においては，環境税率を引き上げた方が望ましく，$MB_A<MC$

となるような環境税率の水準においては，環境税率を低下させた方が望ましくなるため，限界便益と限界費用が一致する条件（$MB_A = MC$）を満たす環境税率t_A^*が国Aにとって最も望ましい税率の水準となる。

第6節　社会的に望ましい環境税率

国Aが環境税を導入すると，国Aの環境が改善するだけでなく，越境汚染で被害を受けている国Bの環境も改善することになる。したがって，国Aの環境税の導入は，国Bに便益を生じさせることになる。ここで，国Aの環境税の導入による国Bにおける限界便益をMB_Bと表す。国Bの限界便益MB_Bとは，国Aが環境税率を限界的に引き上げたときに国Bの便益がどれだけ増大するかを表している。限界便益MB_Bは，環境税率に関して減少関数であると仮定する。

ここで，社会全体の限界便益を考える。国Aの環境税の導入により，国Aの汚染物質排出量が減少し，国Aに便益を与えるだけでなく，越境汚染による汚染が減少することで，国Bにも便益が及ぶことになる。

いま，環境税の導入による社会全体の限界便益をSMBと表し，国Aの限界便益と国Bの限界便益の和として定義する（$SMB \equiv MB_A + MB_B$）。この社会全

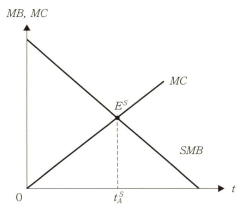

図表7－6　社会的に望ましい環境税率

体の限界便益を社会的限界便益と呼ぶことにする。社会的限界便益と国Aの限界費用を図示すると前頁のようになる。

　社会的に望ましい環境税率について考える。いま，社会的限界便益SMBと限界費用MCが一致する条件を満たす税率をt_A^Sと表す。**図表７－６**より，環境税率がt_A^Sよりも低い税率の場合は，社会的限界便益SMBが限界費用MCを上回っていることがわかる（$SMB > MC$）。すなわち，環境税率がt_A^Sよりも低い水準においては，環境税率を限界的に引き上げたときの社会的な便益の増加分の方が費用の増加分を上回っていることになる。したがって，このような状況においては，環境税率を引き上げた方が社会的に望ましいと考えられる。

　他方，環境税率がt_A^Sよりも高い税率の場合は，限界費用MCが社会的限界便益SMBを上回っていることがわかる（$SMB < MC$）。すなわち，環境税率がt_A^Sよりも高い水準においては，環境税率を限界的に引き上げたときの費用の増加分の方が社会的な便益の増加分を上回っていることになる。したがって，このような状況においては，環境税率を低下させた方が社会的に望ましいと考えられる。

　以上より，社会的限界便益と限界費用について，$SMB > MC$となるような税率の水準においては，環境税率を引き上げた方が社会的に望ましくなり，$SMB < MC$となるような税率の水準においては，環境税率を低下させた方が社会的に望ましくなるため，社会的限界便益と限界費用が一致する（$SMB = MC$）条件を満たす税率t_A^Sが社会的に望ましい環境税率となると考えられる。

第７節　環境税の政策決定の効率性

　第５節では，国Aは環境税に関する自国の限界便益と限界費用が一致するように環境税率をt_A^*の水準に決定することがわかった。また，前節では社会的に望ましい環境税率については，社会的限界便益と限界費用が一致する条件を満たすt_A^Sの水準になることがわかった。

　国Aの環境税に関する限界便益と限界費用，そして，社会的限界便益を同じ

グラフに図示すると，次のようになる。

図表7－7　環境税率の決定と効率性

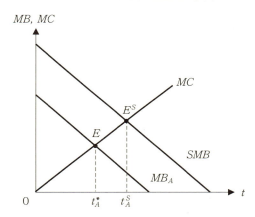

図表7－7より，国Aが決定する環境税率と社会的に望ましい環境税率を比較すると，国Aにより決定された環境税率は社会的に過小となる（$t_A^* < t_A^S$）ことがわかる。国Aにより決定される環境税率をt_A^*においては，国Aにとっては限界便益と限界費用が一致しているので望ましいが，社会全体としては，社会的限界便益が限界費用を上回っており，望ましい水準ではない。この場合，社会的には過小な税率であり，環境税率を引き上げることで，より社会的に望ましくなると考えられる。

ここで，国Aにより決定された環境税率が社会的に過小な水準となる要因について考える。国Aは環境税を導入し，その税率の水準を決定する状況において，自国の限界便益と限界費用を参考にしている。そのため，国Aにとっては望ましい税率に決定することが可能である。しかしながら，国Aの環境税の導入において，国Bに波及する環境改善の便益も存在しているが，国Aはこのような環境税の導入による国Bに波及する便益までを考慮せずに自国の環境税率の水準を決定している。すなわち，国Aは自国の限界便益のみを参考にしてい

るが，国Bに波及する限界便益を考慮せずに環境税率を決定しており，国Aは
社会全体の限界便益を参考にして，環境税率を決定していない。したがって，
国Aにより決定された環境税率の水準が過小となるのは，国Aの税率の決定に
おいて，国Aが限界便益を過小評価していることが起因していると考えられる。

〔注〕
1) 栗山・馬奈木（2009）では，炭素税を導入している諸外国についてまとめられて
　いる。
2) 外部性とは，ある経済主体の選択する行動が市場での取引を通じずに，他の経済
　主体に与える効果のことを意味しており，他の経済主体に良い効果を及ぶす場合
　は正の外部性と呼ばれ，他の経済主体に悪い効果を及ぼす場合は負の外部性と呼
　ばれる（畑農・林・吉田，2014，p. 55）。
3) 伊藤（2008），細田・横山（2009）等では，外部性とピグー税について，グラフ
　を用いて説明されている。
4) 佐藤（2011）では，自治体の公共政策の決定における地域間外部効果の問題につ
　いて，グラフを用いて経済学的に説明されている。

〔参考文献〕
　伊藤元重『ミクロ経済学　第2版』日本評論社，2015年。
　環境省「地球温暖化対策のための税の導入」https://www.env.go.jp/policy/tax/
　　　about.html，2016年。
　栗山浩一・馬奈木俊介『環境経済学をつかむ』有斐閣，2009年。
　佐藤主光『地方財政論入門』新世社，2011年。
　畑農鋭矢・林　正義・吉田　浩『財政学をつかむ』有斐閣，2014年。
　細田衛士・横山　彰『環境経済学』有斐閣アルマ，2009年。
　前田　章『ゼミナール環境経済学入門』日本経済新聞出版社，2010年。

第8章　空港・港湾の民営化

　本章では，近年盛んに議論されている港湾や空港の民営化に関する問題を取り扱うことにする。公企業の民営化は古くは1970年代末のイギリスで始まったとされている。また，1980年代に入るとコンテスタブル市場理論[1]の登場もあり，英米を中心として公企業の民営化が世界中に広まることとなった。

　塩見（2011）によると日本国内での民営化の流れは，大きく2つに分けることができる。1つは1980年代の民営化の流れ，もう1つは2000年代以降の民営化の流れである[2]。1980年代には日本専売公社，日本電信電話会社，日本国有鉄道がそれぞれ民営化され，それぞれ日本たばこ産業株式会社，日本電信電話株式会社，JR各社[3]へと株式会社化されている。また，2000年代には道路公団と郵政事業の民営化が実現している。

　ところで，前者の民営化と後者の民営化は，同じ民営化の流れであるにもかかわらず，その目的には多少，差異が存在している。前者の民営化の流れは財政再建を主の目的とした政策であり，後者の民営化の流れは経済不況からの脱却を目的とし「官から民へ」という位置づけの下で進められた政策である。

　こうした「官から民へ」という流れは現在も進行中で，特に，本章の主の対象となる港湾や空港については，今も積極的な議論がなされている。空港や港湾は，建設には莫大な費用が必要とされるため，整備を民間に任せると市場の失敗が生じる。しかしながら，空港や港湾は経済の発展のためには必要不可欠なインフラの1つである。特に戦後の日本では，空港や港湾の整備がほとんどできておらず，それらの整備を1日でも早く行う必要があった。そこで，戦後の日本は空港や港湾を国が主導して整備することになる。それらの整備をスムーズに進めるために，それぞれの特別会計（港湾整備特別会計，空港整備特別会計）[4]が国の予算の中に設けられてきた[5]。その中でも特に空港整備につい

143

ては1967年度を初年とした第１次空港整備計画から2002年度までの第７次空港整備計画，また2003年度から2007年度までの社会資本整備重点計画を通して，大都市圏の空港整備や地方空港の整備，さらには大都市圏空港の再整備が進められてきた。その結果，1995年度の第６次空港整備５箇年計画が終了した時点で，国内の一通りの空港整備は完了したとみなされることとなった。

第１節　空港・港湾の民営化の必要性

　ところで，空港や港湾の整備が一通り完了すると同時に大都市圏の空港の再整備についてもおおよそ完了したと考えられる近年，日本国内では空港の民営化に関わる議論が盛んに行われるようになった。これは平成25年に国土交通省が制定した「民間の能力を活用した国管理空港等の運営等に関する法律（平成二十五年法律第六十七号）」が基礎となっている。「民間の能力を活用した国管理空港等の運営等に関する基本方針」によると，平成29年12月時点での日本国内の空港は97に至り，配置面からはほぼ概成したと判断されている。そのため，今後は更なる効率的な空港運営を実施していくために，「整備」から「運営」へとシフトした空港政策をどのように進めていくかが大きな課題とされている。

　現在，国土交通省は空港を「国際・国内の航空ネットワークを構成する極めて重要な公共インフラ」と位置づけ，「我が国経済社会の発展や地域活性化に大きな役割を果たす」，と考えている。その考えのもと，国土交通省は空港経営に対し民間の知恵と資金の必要性を謳っている。たとえば各空港の機動的な着陸料等の設定や航空系事業と非航空系事業の一体経営を通じた空港運営の効率化，航空運送事業者の積極的誘致による就航路線や便数の拡大の必要性が挙げられている[6]。

　以上のような議論が進行する中，平成27年12月に仙台空港が国管理型空港から始めて民営化されている。また，高松空港も平成29年10月１日に公共施設等運営権が設定されると同時に公共施設等運営権実施契約が締結され，平成30年４月に民営化空港として動き出す予定である。その他，広島空港，福岡空港，

144

熊本空港，北海道内の７つの空港が民営化実施に向けて手続きが進行中である。

　また，空港民営化政策に先立ち，日本では港湾の民営化も進められてきている。近年，日本の港湾はアジア主要港との激しい競争に直面し，その結果，日本の主要な港が取り扱う貨物量は年々減少している。国土交通省の調査によると，**図表８－１**にあるように，1999年時の世界の港湾取扱貨物量ランキングのトップ10の中に日本の港が２つランクインしていた。しかし，2014年になると，トップ10の中に日本の港はランクインしていない。それどころか，15位に名古屋港がランクインするのがやっと，という状況である。それに対し，中国の港は1999年時点でトップ10の中に２つの港しかランクインしていなかったが，2014年には６つの港がトップ10にランクインし，その地位を確固たるものにしようとしている。

図表8−1　世界の港湾取扱貨物量ランキングの年度比較

世界の港湾取扱貨物量ランキング							
世界の港湾取扱貨物量ランキング（1999）				世界の港湾取扱貨物量ランキング（2014）			
順位	港名	国名	千トン	順位	港名	国名	千トン
1	シンガポール	シンガポール	326,044	1	上海（シャンハイ）	中国	697,000
2	ロッテルダム	オランダ	299,145	2	シンガポール	シンガポール	560,900
3	サウスルイジアナ	アメリカ	222,500	3	天津（ティエンジン）	中国	477,300
4	香港（ホンコン）	中国	168,838	4	広州（グァンチョウ）	中国	472,800
5	上海（シャンハイ）	中国	166,000	5	青島（チンタオ）	中国	450,100
6	千葉	日本	164,741	6	ロッテルダム	オランダ	440,500
7	蔚山（ウルサン）	韓国	148,332	7	寧波（ニンボウ）	中国	393,300
8	名古屋	日本	133,038	8	ポートヘッドランド	オーストラリア	372,300
9	光陽（クァンヤン）	韓国	131,059	9	大連（ターリエン）	中国	320,800
10	ロングビーチ	アメリカ	119,312	10	釜山（プサン）	韓国	313,800
11	アントワープ	ベルギー	115,654	11	香港（ホンコン）	中国	276,100
12	横浜	日本	114,538	12	泰皇島（チンホワンタオ）	中国	253,300
13	高雄（カオシュン）	台湾	110,722	13	サウスルイジアナ	アメリカ	241,600
14	仁川（インチョン）	韓国	108,227	14	ヒューストン	アメリカ	236,500
15	釜山（プサン）	韓国	107,757	15	名古屋	日本	208,200
16	ロサンゼルス	アメリカ	101,507	16	深圳（シェンチェン）	中国	201,500
17	ヒューストン	アメリカ	97,758	17	ポートケラン	マレーシア	198,900
18	マルセイユ	フランス	90,258	18	アントワープ	ベルギー	190,000
19	北九州	日本	87,346	19	ダンビア	オーストラリア	177,500
20	リチャーズベイ	南アメリカ	86,120	20	厦門（アモイ）	中国	171,900
21	東京	日本	85,415	21	蔚山（ウルサン）	韓国	167,900
22	大阪	日本	85,391	22	ロサンゼルス	アメリカ	165,100
23	コーパスクリスティ	アメリカ	84,525	23	ドバイ	アラブ首長国連邦	163,700
24	神戸	日本	82,778	24	ロングビーチ	アメリカ	162,800
25	ダンビア	オーストラリア	82,528	25	ニューカッスル	オーストラリア	159,600
26	ハンブルク	ドイツ	81,037	26	千葉	日本	154,000
27	大連（ターリエン）	中国	75,150	27	ハンブルク	ドイツ	139,100
28	ニューカッスル	オーストラリア	72,711	28	イタキ	ブラジル	135,400
29	バンクーバー	カナダ	71,213	29	バンクーバー	カナダ	135,000
30	青島（チンタオ）	中国	70,180	30	ツバラオ	ブラジル	131,200
31	ツバラオ	ブラジル	67,406	31	光陽（クァンヤン）	韓国	127,600
32	ポートヘッドランド	オーストラリア	65,431	32	タンジュンペレパス	マレーシア	120,000
33	ル・アーブル	フランス	63,922	33	京浜【横浜】	日本	119,200
34	ポートケラン	マレーシア	60,970	34	高雄（カオシュン）	台湾	115,000
35	フィラデルフィア	アメリカ	59,964	35	仁川（インチョン）	韓国	112,600

（出典）　SHIPPING　STATISTICS　YEARBOOK 2000，2015より国土交通省港湾局計画課作成
※貨物量は，外内貿計，外貿計のどちらかであり，統一されていない。
※各港の単位は，MT・FT・RTのいずれかであり，統一されていない。
（出所）「世界の港湾取扱貨物量ランキング」（国土交通省）

第8章　空港・港湾の民営化

　以上のような中，平成22年6月に閣議決定された新成長戦略の「21世紀日本の復活に向けた21の国家戦略プロジェクト」の中で，「港湾の「選択と集中」を進め，民間の知恵と資金を活用した港湾経営の実現等を図る」という位置づけの下で，港湾運営に関する法律改正が行われている。「港湾法及び特定外貿埠頭の管理運営に関する法律の一部を改正する法律（平成23年法律第9号）」によると，改正前では特定重要港湾23港と重要港湾126港が，改正後は国際戦略港湾5港（京浜，東京，川崎，横浜，阪神（大阪・神戸）），国際拠点港湾18港，重要港湾103港に分類し直されると同時に，港湾運営会社制度が創設され，国際戦略港湾及び国際拠点港湾に導入されている。その際，阪神港（平成24年），横浜港（平成24年），川崎港及び東京港（平成26年），名古屋港及び四日市港（平成26年）で特例港湾運営会社が指定され，民営化の一歩を踏み出している。その後，平成26年に「港湾法の一部を改正する法律」が施行され，新たな法律の下で平成26年に阪神港で，平成28年には京浜港で港湾運営会社が指定されている。

第2節　空港・港湾の民営化と効率性

　空港，港湾，いずれも民営化を進める目的の1つに，経営効率性の改善が挙げられる。国土交通省の「国土交通省成長戦略」（平成22年5月17日）では，港湾について「我が国の港湾は国際的な競争力を失いつつある。今後，世界の成長を我が国に取り込んでいくためには，抜本的な改善策が求められている」とし，「選択と集中と共に「民」の視点で港湾経営を行うことで，低コストで効率的な港湾の運営を実現して，港湾の国際競争力を確保し」と主張されている。空港についても同様に「空港経営の効率化のためのガバナンス構築」の必要性が謳われ，そのために民間の知恵と資金の必要性が主張されている。そこで，以下では初めに空港や港湾の民営化によって空港や港湾の経営効率性に影響を与えたのか，について先行研究をレビューする。

　空港や港湾の民営化が経営効率性に与えた影響についてGong et al.（2012）が詳細なサーベイを行っているので，本章では，まずGong et al.（2012）に

147

従って先行研究の主張を整理してみたい。

初めに，空港民営化の代表的な事例である英国空港運営公団（British Airports Authority；BAA）に属する空港の技術的効率性が民営化によって改善されたか否かについてParker（1999）が実証研究を行っている。その結果，民営化によってパフォーマンスが改善したとは結論付けられないと述べている。あわせて，Parker（1999）はBAAに属する空港と属さない空港のパフォーマンスの比較も行い，最終的に空港のパフォーマンスには所有者は関係しないことを明らかにしている。また，Oum et al.（2006）とOum et al.（2008）は国が主導する国と民間の混合型による空港運営は効率性を落とすが，完全公営の場合は民間が主導する国と民間の混合型より空港運営の効率性が改善することを示している。つまり，国が主導する空港運営のほうが経営効率性をあげることが明らかにされている[7]。

一方で，近年の一部の実証研究では，民営化によって空港運営のパフォーマンスは改善することも示されてきている。たとえば，Chen et al.（2017）はヨーロッパと東アジアの中から，空港の大きさを考慮しつつサンプルを選択し，2001年から2013年までのそれぞれの空港の各年度のレポートをもとに，公営の空港と民営の空港のパフォーマンスの比較を行っている。その結果，公営の空港のパフォーマンスが民営の空港に比べて劣ること，さらに東アジアの公営空港のパフォーマンスが最も悪いことを明らかにしている。また，Fasone et al.（2014）はイタリアの空港の財務業績を使って，公営の空港と民営の空港の比較を行い，民営の空港の財務業績が公営の空港を大きく上回っていることを明らかにしている。

次に港湾の民営化についてはどのような主張が実証研究を通してなされているのかについて，Gong et al.（2012）に従って簡単に整理してみよう。

まず，Liu（1995）は1983年から1990年の期間で，イギリスの主要な港を対象に民営化の効果について実証分析を行っている。その結果，所有形態は港の経営効率性にはほとんど関係がなかったことを明らかにしている。一方で，Cullinane and Song（2003）は韓国とイギリスのコンテナ港の効率性について

148

調査を行い，民営化によって経営効率性の改善がみられることを明らかにしている。その他，Cullinane et al.（2002）やCullinane et al.（2006）でも，港の所有形態を民営化することによって，経営効率性の改善がみられることが主張されている[8]。

第3節　空港・港湾の戦略的な民営化

先にみたように従来の空港や港湾の民営化を進める根拠の1つとして，経営効率の改善が挙げられる。しかし，第2節で見てきたように，これまでの実証研究によると，空港については必ずしも民営化によって経営効率が改善するわけではないことが示されている。また，港湾についても，民営化によって経営効率が改善するかどうかについては，見解が分かれている。

以上のように，民営化によって必ずしも空港や港湾の経営効率が改善するとは断言できない中，各国は空港や港湾の民営化を進めている。その理由はどこにあるのだろうか。その問いに対して近年，複数の研究者が，空港や港湾が国内外で競争に直面していることに注目し，各国が戦略的に空港や港湾を民営化する動機を持つことを理論的に明らかにしている。そこでこの節では，空港や港湾を戦略的な動機から民営化する動機があることを示した2つの理論研究を紹介する。

1　空港の民営化

初めに空港を戦略的動機から民営化する動機を各国が持つことを示した先駆的な研究であるMantin（2012）とMatsumura and Matsushima（2012）で提示されたモデル（以下MMモデル）から紹介することにする[9]。

MMモデルは，2つの国（国1と国2）がそれぞれ1つの国際ハブ空港を所有しており，それぞれの国が国際ハブ空港を民営化するか否かについて分析している。以下では，それぞれの国に1人の住民が存在すると仮定する。また，それぞれの国には1つの航空会社が存在し（航空会社1，航空会社2），国1と

国2の国際ハブ空港間で輸送サービスを供給している。したがって，ここで考えている国際ハブ空港は補完関係にある。

今，航空会社1と航空会社2は国際ハブ空港間で同質のサービス供給し，クールノー競争を行っている。ここで，航空市場に対する需要関数は，次のように与えられている。

$$P = a - (q_1 + q_2) \tag{1}$$

ここで，Pは航空会社の運賃，$q_i (i = 1, 2)$ は航空会社iに対する需要を表している。以上の需要曲線から，消費者余剰は次のように求められる。

$$CS = \frac{(q_1 + q_2)^2}{2} \tag{2}$$

各航空会社は，国際ハブ空港間を一定の限界費用で飛行していると仮定し，以下では計算の単純化のために，限界費用をゼロと仮定する。

各航空会社は，国際ハブ空港を利用するとき，空港使用料を支払わなければならない。ここでは，国iの国際ハブ空港の空港使用料をw_iと表すことにする。したがって，それぞれの航空会社の利潤（π_i）は次式のように表すことができる。

$$\pi_i = (P - w_1 - w_2)q_i \tag{3}$$

各航空会社は，自己の利潤を最大にするように，同時にq_iを決定する。したがって，各航空会社が供給する航空サービスの量（ナッシュ均衡）は次のように求められる。

$$q_i = \frac{a - (w_i + w_j)}{3} \tag{4}$$

次に，各国際ハブ空港は，一定の限界費用で各航空会社に対して空港サービスを提供している。ここでも計算の単純化のために，各国際ハブ空港の限界費

第8章 空港・港湾の民営化

用はゼロと仮定する。各国際ハブ空港は，各航空会社が支払う空港使用料から収入を得ている。したがって，各国際ハブ空港の利潤（Π_i）は次式のように表すことができる。

$$\Pi_i = (q_1 + q_2)w_i \tag{5}$$

以上から，各国の社会厚生（SW_i）は，消費者余剰と航空会社の利潤，空港の利潤の合計で表されると定義すると，次式のように表すことができる[10]。

$$SW_i = \frac{1}{2}CS + \pi_i + \Pi_i \tag{6}$$

ここでは，空港の運営方式として，民間による運営と公営による運営を考える。もし，民間が空港を運営するならば，空港使用料は利潤を最大にするように決定される。それに対して，もし空港が公営で運営されるならば，空港使用料はその国の社会厚生を最大にするように決定される。

ここでは，国1と国2が採用する戦略（民営と公営）に依存して4つのケースが存在する。

- (a) 国1は公営，国2も公営 → ケースGG
- (b) 国1は公営，国2は民営 → ケースGP
- (c) 国1は民営，国2は公営 → ケースPG
- (d) 国1は民営，国2も民営 → ケースPP

以下では，それぞれのケースの空港料金を求めることにする。ここで，各航空会社に対する需要量（q_i）は(4)式で表されていることに注意しよう。まず各国際ハブ空港の空港料金に対する反応曲線を求めよう。今，国iが公営を選択していたとする。そのとき，空港料金は社会厚生を最大にするように決定されるので，反応曲線は次のように求められる。

$$w_i = \frac{1}{4}(a - w_j) \tag{7}$$

151

次に，国 i が民営を選択していたとする。そのとき，空港料金は空港利潤を最大にするように決定されるので，反応曲線は次のように求められる。

$$w_i = \frac{1}{2}(a - w_j) \qquad (8)$$

以上の(7)式と(8)式から，国 i と国 j の空港料金の間には戦略的代替の関係が存在していることがわかる。

以上の反応曲線をそれぞれのケースで連立して解くことによって，それぞれのケースの空港料金が求められる。以下がそれぞれのケースの均衡空港料金である。

$$w_i^{GG} = \frac{a}{5}, \quad w_i^{GP} = \frac{a}{7}, \quad w_i^{PG} = \frac{3a}{7}, \quad w_i^{PP} = \frac{a}{3} \qquad (9)$$

以上の均衡空港料金を各国の社会厚生に代入すると，それぞれのケースの社会厚生は次のようになる。

$$SW_i^{GG} = \frac{a^2}{25}, \quad w_i^{GP} = \frac{4a^2}{49}, \quad w_i^{PG} = \frac{8a^2}{49}, \quad w_i^{PP} = \frac{8a^2}{81} \qquad (9)$$

以上の結果を踏まえ，次にそれぞれの国が国際ハブ空港を民営化するか否かについて分析する。各国の社会厚生は，**図表8－2**の利得表にまとめられる。

図表8－2　空港民営化ゲームの利得表

国2

		民営化する（民営）	民営化しない（公営）
国1	民営化する（民営）	$\frac{8a^2}{81}$, $\frac{8a^2}{81}$	$\frac{8a^2}{49}$, $\frac{4a^2}{49}$
	民営化しない（公営）	$\frac{4a^2}{49}$, $\frac{8a^2}{49}$	$\frac{a^2}{25}$, $\frac{a^2}{25}$

第8章　空港・港湾の民営化

　図表8−2の利得表をもとに，空港民営化ゲームのナッシュ均衡を求めると，（民営化する，民営化する）という戦略の組がナッシュ均衡として実現することが分かる。

　ここで，注目しなければならない点は，相手国が民営化してもしなくても，自国は常に民営化を選ぶ，つまり「民営化する」，という戦略が支配戦略になっている点である。もし，相手国が「民営化しない」という戦略を選んだ場合，相手国の空港料金は，社会厚生を最大化しようと安い空港料金が設定される。ここで，空港料金の間には戦略的代替の関係が存在することから，自国は高い料金設定をすることが可能となる。そこで，自国は，空港収入を増やしてより大きな社会厚生を実現させることを目的に空港を民営化し，より高額の空港料金を設定するのである。実際，w_i^{PG}とw_i^{PP}を比較すると，国jが「民営化しない」を選んでいるときの方が「民営化する」を選んでいるときより国iの空港料金は高くなっていることが確認できる。

　逆に，相手国が「民営化する」という戦略を選んだ場合，相手国の空港料金は高額になる。ここで，もし自国が「民営化しない」という戦略を選択し，公営の空港が実現すると，自国の空港料金は低く抑えられる一方，相手国の空港料金が極めて高くなる。その結果，航空会社の費用となる全体の空港料金の支払いは高額となり，それが航空運賃の高騰をもたらすために，消費者余剰はほとんど増加しない。一方で，空港料金は低く設定されているため，空港利潤は大幅に減少する。実際，w_i^{GG}とw_i^{GP}を比較すると，国jが「民営化する」を選んでいるときのほうが「民営化しない」を選んでいるときより国iの空港料金は低くなっている。したがって，国jが「民営化する」を選択し国iが「民営化しない」を選択すると，国iの空港収入は大きく減少することになる。つまり，「民営化しない」を選択することによって，消費者余剰はほとんど増加しない一方で，空港利潤が大幅に減少するので，社会厚生は低下することになる。

　以上のことから，各国は，自国の空港利潤を失わないために，国際ハブ空港を民営化することがわかる。

153

以上の研究の後，Lin and Mantin（2015）と Kawasaki（2016）はそれぞれの国に，地方空港が存在する状況を想定して，改めてそれぞれの国が空港を民営化する動機を持つかどうかについて分析している。彼らの研究では，MM モデルに，地方に住む乗客の消費者余剰が加えられている。

　もし，空港が民営化されると，空港料金の上昇を通して空港の利潤は増加する一方，ハブ都市と地方都市に住む乗客の消費者余剰が減少する。MM モデルでは，空港の利潤増加の効果が，消費者余剰減少の効果を上回るために，空港民営化が選択された。それに対し，Lin and Mantin（2015）や Kawasaki（2016）では，地方に住む乗客の消費者余剰が新たに加わるため，もし，地方に住む乗客の消費者余剰が大きく減少するならば，民営化されず公営のまま空港が運営されることも示されている。

2　港湾の民営化

　次に，港湾を戦略的な動機から民営化する動機が生じることを示した研究を紹介しよう。港湾の民営化を取り扱う研究は大きく2つ存在している。1つはCzerny et al.（2014）である。彼らは，代替的な2つの港湾を仮定して，それぞれの港湾が別々の国に存在している，と仮定している。それぞれの港湾は，自国に人やモノを運ぶだけではなく，第3国へ人やモノを運ぶ中継点としても使われると仮定している。

　Czerny et al.（2014）は港湾料金が戦略的補完の関係になることを証明し，その上で，自国に人やモノを運ぶことによって生じる消費者余剰と，第3国へ人やモノを運ぶために港湾が使用されることによって得られる港湾の利潤に注目し，もし，民営化によって，港湾の利潤が大きく増加する一方で，自国の消費者余剰があまり減少しないならば，それぞれの国は港湾を民営化することを示している。

　2つ目は Matushima and Takauchi（2014）である。以下ではこのモデル（以下，MT モデル）を詳細に紹介してみよう。

　MT モデルも MM モデルと同様に2つの国（国1と国2）が存在する状況を

154

第8章　空港・港湾の民営化

考えている。それぞれの国に1つの港湾が存在する。MTモデルではMMモデルと異なり，国1と国2の港湾間を運航する海運市場は完全競争市場と暗黙に仮定されている。国1と国2の港湾間を輸送する際に要する費用は，コンテナ1つあたりτとなる。ここでは，計算の単純化のために$\tau = 0$と仮定する[11]。いま，それぞれの国に財を生産する企業が1つ存在している。それぞれの企業は，国内で消費される財だけではなく，相手国に輸出する財も生産している。以下では，国iに存在する企業が生産した財が国jで消費される量をq_{ij}（i, j=1,2）と表すことにする。また，ここでは国iに存在する企業（以下，企業i）が生産する財と国jに存在する企業（以下，企業j）が生産する財は同質であると仮定する。それぞれの国には代表的な消費者が1人存在し，その消費者が，企業iが生産する財や企業jが生産する財を消費する。以下では，国iの需要関数が次式で表されている。

$$P_i = a - (q_{1i} + q_{2i}) \tag{10}$$

したがって，国iの消費者余剰は次のようになる。

$$CS_i = \frac{(q_{1i} + q_{2i})^2}{2} \tag{11}$$

いま，企業iが生産した財を国jで消費してもらうためには，その財を海運輸送しなければならない。ここで，1つの財を輸送するためには1つのコンテナが必要であると仮定する。

財を海運輸送するとき，コンテナを1つ運ぶたびに港湾使用料を支払わなければならない。以下では，国iの港湾を使用する際の港湾使用料をf_iと表すことにする。したがって，企業iが生産した財を国jで消費してもらうためには，国iの港湾使用料f_iと国jの港湾使用料f_jが必要となる。一方，企業iが生産した財を国iで消費する際には費用は生じない。したがって，企業iの利潤関数（π_i）は次のように書くことができる。

155

$$\pi_i = P_i q_{ii} + (P_j - f_i - f_j)q_{ij} \tag{12}$$

それぞれの企業は利潤を最大にするように生産量q_{ii}とq_{ij}を決定する。したがって，それぞれの企業の財の生産量（ナッシュ均衡）は次のようになる。

$$q_{ii} = \frac{2a - A}{3}, \quad q_{ij} = \frac{2A - a}{3} \tag{13}$$

ここで，$A \equiv a - f_1 - f_2$である。

各港湾は企業が支払う港湾使用料から収入を得ている。ここで，各港湾の限界費用はゼロと仮定する。したがって，各港湾の利潤（Π_i）は次式のように表すことができる。

$$\Pi_i = (q_{ij} + q_{ji})f_i \tag{14}$$

以上から，各国の社会厚生（SW_i）は，消費者余剰と企業の利潤，港湾の利潤の合計で表されると定義すると，次式のように表すことができる。

$$SW_i = CS_i + \pi_i + \Pi_i \tag{15}$$

ここでも，空港の運営方式として，民間による運営と公営による運営を考える。もし，民間が港湾を運営するならば，港湾使用料は利潤を最大にするように決定される。それに対して，もし港湾が公営で運営されるならば，港湾使用料はその国の社会厚生を最大にするように決定される。

ここでも，国1と国2が採用する戦略（民営と公営）に依存して4つのケースが存在する。

 (a) 国1は公営，国2も公営 → ケースGG
 (b) 国1は公営，国2は民営 → ケースGP
 (c) 国1は民営，国2は公営 → ケースPG
 (d) 国1は民営，国2も民営 → ケースPP

以下では，それぞれのケースの港湾使用料を求めることにする。ここで，そ

れぞれの需要量（q_{ii}とq_{ij}）は(13)式で表されていることに注意しよう。まず各港湾使用料に対する反応曲線を求めよう。今，国iが公営を選択していたとする。そのとき，空港料金は社会厚生を最大にするように決定されるので，反応曲線は次のように求められる。

$$f_i = \frac{1}{13}(2a - f_j) \tag{16}$$

次に，国iが民営を選択していたとする。そのとき，港湾使用料は港湾の利潤を最大にするように決定されるので，反応曲線は次のように求められる。

$$f_i = \frac{1}{4}(a - f_j) \tag{17}$$

以上の(16)式と(17)式から，国iと国jの港湾使用料の間には戦略的代替の関係が存在していることがわかる。

以上の反応曲線をそれぞれのケースで連立して解くことによって，それぞれのケースの港湾使用料が求められる。以下がそれぞれのケースの均衡港湾使用料である。

$$f_i^{GG} = \frac{a}{7},\ f_i^{GP} = \frac{7a}{50},\ f_i^{PG} = \frac{9a}{50},\ f_i^{PP} = \frac{a}{6} \tag{18}$$

以上の均衡港湾使用料を各国の社会厚生に代入すると，それぞれのケースの社会厚生は次のようになる。

$$SW_i^{GG} = \frac{20a^2}{49},\ \ w_i^{GP} = \frac{249a^2}{625},\ \ w_i^{PG} = \frac{51a^2}{125},\ \ w_i^{PP} = \frac{55a^2}{162} \tag{19}$$

以上の結果を踏まえ，次にそれぞれの国が港湾を民営化するか否かについて分析する。各国の社会厚生は，**図表8－3**の利得表にまとめられる。

図表8−3 港湾民営化ゲームの利得表

国2

国1		民営化する（民営）	民営化しない（公営）
	民営化する （民営）	$\dfrac{55a^2}{162}$, $\dfrac{55a^2}{162}$	$\dfrac{51a^2}{125}$, $\dfrac{249a^2}{625}$
	民営化しない （公営）	$\dfrac{249a^2}{625}$, $\dfrac{51a^2}{125}$	$\dfrac{20a^2}{49}$, $\dfrac{20a^2}{49}$

図表8−3の利得表をもとに，港湾民営化ゲームのナッシュ均衡を求めると，（民営化する，民営化する）という戦略の組と（民営化しない，民営化しない）という戦略の組がナッシュ均衡として実現することがわかる[12]。

このMKモデルで，民営化する，という戦略がナッシュ均衡の1つとして実現するメカニズムはMMモデルやCzerny et al. (2014) とは異なっている。

ここでは，国1と国2の間で，企業がクールノー競争を行っている。したがって，どちらの国も自国の企業に競争力を持ってもらうことを期待する。そこで，それぞれの国は，海外の企業が自国で財を販売するためには，海外の企業は財を海運輸送するために港湾使用料を支払う必要があるため，財の生産コストが増加することに注目する。つまり，戦略的に港湾使用料を高めることによって，国内市場での国内企業の競争力を高めようとするのである。言い換えると，それぞれの国は港湾使用料を高めるために，国内の消費者余剰を考慮して使用料を設定する公営より，それを考慮せず，単純に港湾の利潤のことだけを考慮して高額の使用料を決定する民営化を選ぶのである。

ただし，ここでは「民営化しない」，という戦略も1つの均衡となっているところにも注意は必要である。もし，民営化して港湾使用料を高めると，国内市場での国内企業の競争力は高まるが，国内企業は外国市場で競争力を失うことになる。したがって，もし相手国が公営を選択してきた場合には，国内企業が外国市場での競争力を維持することを1つの目的に，自国も公営を選択する動機が生じることになる。

以上の2つの基本的な研究から，空港や港湾を戦略的な視点から民営化する

第8章　空港・港湾の民営化

目的は（ⅰ）空港の利潤を国内に確保するため，と（ⅱ）外国企業と競争している国内企業の競争力を失わせないため，とまとめることができる。つまり，個々の空港や港湾の経営効率性の改善，という視点だけではなく，以上のような戦略的な側面からも空港や港湾の民営化を推し進めていく必要性が存在している。

〔注〕
1)　Baumol et al.（1982）。日本語による解説では泉田，柳川（2008）がわかりやすい。
2)　第3章『民営化の展開と構造改革』を参照。
3)　具体的にはJR民間旅客会社6社と貨物会社1社，日本国有鉄道清算事業団に分割，民営化されている。
4)　これらの特別会計は，現在は1つに統合され，「社会資本整備事業特別会計」と呼ばれている。
5)　港湾や空港の整備に関する議論については山重（2007）や赤井（2010）が非常に詳しい。
6)　現在の国管理型の空港では，全国一律の着陸料が設定されており，また，航空系事業と非航空系事業の運営主体は分離されている。
7)　多くの研究が空港の運営主体が空港運営の効率性に影響を与えていない，と主張する中，様々な実証研究がどのような要素が空港運営の効率性に影響を与えているのかについて考察している。
8)　Gong et al.（2012）では，なぜ民営化の経営効率性に与える影響についての結論がバラバラになるのかについて，実証研究上の問題点も指摘されている。詳細はGong et al.（2012）を参照せよ。
9)　Matsumura and Matsushima（2012）を参照せよ。またMantin（2012）もMatsumura and Matsushima（2012）と同様に各国が戦略的に空港を民営化する動機を持つことを明らかにしている。
10)　ここで，住民は国1から国2へ移動する住民と国2から国1へ移動する住民が存在することに注意しよう。本章では市場全体の住民の数を1に基準化し，それぞれの国の住民の数は等しいと仮定しているため，国iの消費者余剰を1／2倍している。
11)　$\tau \neq 0$のケースについてはMatsushima and Takauchi（2014）を参照せよ。
12)　Matsushima and Takauchi（2014）によると，本章で捨象した輸送費用τが中程度であれば，（民営化する，民営化する）が，大きければ（民営化しない，民営化しない）が単一のナッシュ均衡として実現する。

〔参考文献〕
　赤井伸郎『交通インフラとガバナンスの経済学—空港・港湾・地方有料道路の財政分析』有斐閣，2010年。

泉田成美，柳川隆『プラクティカル産業組織論』有斐閣，2008年。

塩見英治『現代公益事業―ネットワーク産業の新展開』有斐閣，2011年。

山重慎二（編）『日本の交通ネットワーク』中央経済社，2007年。

Baumol, W.J., Panzar, L.C., Willig, R.D., *Contestable Markets and the Theory of Industry Structure*, Harcourt Brace Jovanovich, 1982。

Chen, Y.H., Lai, P.L., Piboonrungroj, P., "The relationship between airport performance and privatisation policy：A nonparametric metafrontier approach," *Journal of Transport Geography*, 62, 229-235, 2017年.

Cullinane, K.P.B., Song, D.W., "A stochastic frontier model of the productive efficiency of Korean container terminals," *Applied Economics*, 35, 251-267, 2003年.

Cullinane, K.P.B., Song, D.W., Gray, R., "A stochastic frontier model of the efficiency of major container terminals in Asia：assessing the influence of administrative and ownership structures," *Transportation Research Part A*, 36, 743-762, 2002年.

Cullinane, K.P.B.,Wang, T.F., Song, D.W., Ji, P., "The technical efficiency of container ports：comparing data envelopment analysis and stochastic frontier analysis," *Transportation Research Part A*, 40, 354-374, 2006年.

Czerny, A., Höffer,　F., Mun S., "Hub port competition and welfare effects of strategic privatization," *Economics of Transportation*, 3, 211-220, 2014年.

Fasone, V., Maggiore, P., Scuderi, R., "Airport ownership and financial performance：Evidence from Italy," *Journal of Transport Management*, 40, 163-168, 2014年.

Gong, S.H., Cullinane, K., Firth, M., "The impact of airport and seaport privatization on efficiency and performance：A review of the international evidence and implications for developing countries," *Transport Policy*, 24, 37-47, 2012年.

Kawasaki, A., "Airport privatization competition including domestic airline markets," *Review of Urban and Regional Development Studies*, 29, 2-17, 2016年.

Lin, M.H. and Mantin, B. "Airport Privatization in International Inter-hub and Spoke Networks," *Economics of Transportation* 4, 189-199, 2015年.

Liu, Z., "The comparative performance of public and private enterprises：the case of British Ports," *Journal of Transport Economics and Policy*, 29, 263-274, 1995年.

Mantin, B., "Airport Complementarity：Private vs. Government Ownership and Welfare," *Transportation Research Part B* 46, 381-388, 2012年.

Matsumura, T., Matsushima, N., "Airport privatization and international competition," *Japanese Economic Review*, 63, 431-450, 2012年.

Matsushima, N., Takauchi, K., "Port privatization in an international oligopoly,"

第8章　空港・港湾の民営化

Transportation Research Part B, 67, 382-397, 2014年.

Oum, T.H., Adler, N., Yu. C., "Privatization, corporatization, ownership forms and their effects on the performance of the world's major airports," *Journal of Air Transport Management*, 12, 109-121, 2006年.

Oum, T.H., Yan, J., Yu. C., "Ownership forms matter for airport efficiency : a stochastic frontier investigation of worldwide airports," *Journal of Urban Economics*, 64, 422-435, 2008年.

Parker, D., "The performance of BAA before and after privatisation : a DEA study," *Journal of Transport Economics and Policy*, 33, 133-146, 1999年.

索　引

【ア行】

赤字国債 ……………………………47
一括固定税 …………………………69
一般消費税 ………………………… 101
移転価格 ……………………………98
インピュテーション方式 …………86
インボイス方式 …………………… 111
越境汚染 ………………………… 136
MMモデル ……………………… 149
MTモデル ……………………… 154

【カ行】

かかりつけ医 ……………………82,84
過小資本税制 ………………………98
課税権 ………………………………95
課税最低限 …………………………79
課税自主権 ………………………… 102
価値財 ……………………………4,35
寡婦（寡夫）控除 …………………79
借換債 ……………………… 47,48,49
簡易課税制度 …………………… 114
官から民へ ……………………… 143
環境税 …………………………… 127
基礎的財政収支 ……………… 50,51,62
帰着 ………………………… 102,105
逆進的な税 ……………………… 115
逆弾力性の命題 ………………105,107
供給者誘発需要 ………………… 123
金融政策 ……………………………9
勤労学生控除 ………………………79

空港使用料 ……………………… 150
空港整備特別会計 ……………… 143
空港民営化ゲーム ……………… 153
クールノー競争 ………………… 158
国管理型空港 …………………… 144
クラーク税 …………………………34
クラブ財 ……………………………19
クロヨン ……………………………65
軽減税率 ………………………… 112
経済安定化機能 ………… 3,7,8,9,10,11
限界税率 ……………………………75
限界代替率 …………………………23
限界的な環境被害額 …………… 128
限界費用 ………………………21,130
限界便益 ………………………21,131
限界変形率 …………………………23
建設国債 ………………………47,49
源泉地課税 …………………………95
源泉徴収制度 ………………………65
公益法人 ……………………………87
公企業の民営化 ………………… 143
公共財 ………………………………17
公共財の便益 ………………………12
公共法人 ……………………………87
航空系事業 ……………………144,159
高齢化率 ……………………………81
港湾運営会社制度 ……………… 147
港湾使用料 ……………………… 155
港湾整備特別会計 ……………… 143
国際拠点港湾 …………………… 147
国際公共財 ……………………… 11

163

国際戦略港湾 ……………………… 147

国民医療費 ……………………… 119

個人向け国債 ……………………45

国家公共財 ………………………11

国庫支出金 ………………………12

国庫補助金 ………………………13

個別消費税 ……………………… 101

【サ行】

財政収支 ………………………50,51

財政投融資特別会計国債（財投債）…47,48

最適供給条件 ……………………20

財投機関債 ………………………47

裁量的財政政策 ……………… 7,8,9

サミュエルソンの公式 ……………25

三位一体の改革 …………………14

死荷重 ………………………106,107

事業継承 …………………………6

資源配分機能 ……………………3,10

市場均衡 ……………………… 129

市場の失敗 ………………1,27,143

私的財 ……………………………19

自動安定化機能 …………………7

ジニ係数 …………………………5

自発的供給 ………………………26

資本コスト ………………………93

事務配分 …………………………12

社会資本整備事業特別会計 …… 159

社会資本整備重点計画 ………… 144

社会的限界費用 ………………130,133

社会的限界便益曲線 ……………22

社会的限界便益 …………… 21,140

社会的余剰 ……………………… 105

従価税 ……………………… 101

従量税 ……………………… 102

受益と負担 ………………………14

準公共財 …………………………19

純粋公共財 ………………………19

障害者控除 ………………………79

条件付現金給付政策 ………………38

消費可能曲線 ……………………25

消費者余剰 ………………………20

情報の非対称性 ……………… 123

所得効果 …………………………68

所得再分配機能 …………3,4,5,10,11

所得捕捉率格差 …………………65

新正統派 …………………56,57,61

人的控除 …………………………79

垂直的外部性 ……………………101

垂直的公平性 ……………………65

水平的公平性 ……………………65

生産可能曲線 ……………………23

生産者余剰 ………………………21

正の外部性 ……………………… 137

政府保証債 ………………45,48

選択と集中 ……………………… 147

専門医療機関 ……………………82

総合所得税方式 …………………77

相続税 ……………………………6

総余剰 ……………………………21

贈与税 ……………………………6

租税回避行為 ……………………98

租税競争 …………………………99

租税輸出 ……………………… 102

【タ行】

大気汚染 ……………………－…… 127

索　引

代替効果 ……………………68
多国籍企業 …………………97
多段階型消費税 ……………109
タックス・ヘイブン ………99
短期国債 ……………………45
単純累進所得税 ……………72
炭素税 ………………………127
地域公共財 …………………12
地球温暖化 …………………127
地方公共財 ……………12,19
地方交付税 ……………12,13
中期国債 ……………………45
中立命題 ……………………59
超過累進課税 ………………71
超過累進所得税 ……………71
長期国債 ……………………45
超長期国債 …………………45
帳簿方式 ……………………111
転嫁 …………………102,105
等価定理 …………………59,61
等利潤線 ……………………90
ドーマー条件 ……………55,62
特例国債 …………………47,49
取引高税 ……………………108
トレード＝オフの関係 ……70

【ナ行】

内部留保 ……………………85
ナッシュ均衡点 ……………30
二重課税 ……………………85
認知ラグ ……………………9
納税意識 ……………………65

【ハ行】

ハーヴェイ・ロードの前提 ………8
配偶者控除 …………………79
配偶者所得控除 ……………79
配当所得税額控除方式 ……86
配当損金算入方式 …………85
発生主義 ……………………91
パレート最適条件 …………25
バローの中立命題 …………61
反応曲線 …………………28,29
非競合性 …………………4,18
非協力ゲーム的戦略行動 …26
ピグー税 ……………………136
非航空系事業 …………144,159
非排除性 …………………4,17
ビルト・イン・スタビライザー ………7
フィスカル・ポリシー ………7
付加価値税 …………109,110
ブキャナン …………………59
父子主義（パターナリズム）………14
物価連動国債 ………………45
復興債 ………………47,48,62
負の外部性 …………………128
不平等度 ……………………5
プライマリー・バランス ………55,56,62
フリーライダー ……………27
プログレサ …………………38
分離課税 ……………………78
平均税率 ……………………76
法人擬制説 ………………94,98
ボーエン＝デービス＝コップの
　公債負担論 ………………57
ボルサ・ファミリア ………38

165

【マ行】

マキシミン基準 ……………………… 6
マスグレイブ ………………………… 3
マンデル＝フレミング効果 ………… 9
民営化 ……………………………… 143
目標所得仮説 ……………………… 124
モディリアーニの命題 ……………… 58
モラルハザード ……………………… 14

【ヤ行】

有効需要原理 ………………………… 8

【ラ行】

ラムゼイ・ルール ………………… 107

リーマン・ショック ………………… 9
リカードの等価定理 …………… 60,61
利付国債 …………………………… 47
リンダール・メカニズム …………… 31
リンダール均衡点 …………………… 33
リンダール反応曲線 ………………… 32
累進税率構造 ………………………… 7
レッド・ヘリング仮説 …………… 122
労働意欲 …………………………… 69
労働所得税 ………………………… 68
ロールズ基準 ………………………… 6
60年償還ルール ……… 47,49,62

【ワ行】

割引国債 …………………………… 45

編著者略歴

名　　前　**兼子　良夫**（かねこ　よしお）
担　　当　第1章
生　　年　1955年山形県生まれ
最終学歴　大阪大学大学院経済学研究科博士後期課程単位修得退学
学　　位　大阪大学博士（経済学）
専　　攻　公共経済学，財政学
現　　在　神奈川大学長，日本説得交渉学会会長
主要著書　『地方財政』八千代出版，2012.
　　　　　『信頼と安心の日本経済』（共著）勁草書房，2008.

執筆者略歴

名　　前　**牧野　智一**（まきの　ともかず）
担　　当　第2章
生　　年　1977年愛知県生まれ
最終学歴：名古屋大学大学院経済学研究科博士課程修了
学　　位　名古屋大学博士（経済学）
現　　在　長岡大学経済経営学部准教授
主要業績　「自治体病院の運営と市町村合併」（共著）『医療経済研究』21(3)，2010.
　　　　　「教育政策は地方政府か中央政府か」『経済科学』56(1)，2008.

名　　前　**大濱　賢一朗**（おおはま　けんいちろう）
担　　当　第3章
生　　年　1975年山口県生まれ
最終学歴　名古屋大学大学院経済学研究科博士課程修了
学　　位　名古屋大学博士（経済学）
現　　在　名古屋外国語大学現代国際学部准教授
主要業績
　　竹内信仁・柳原光芳編著『スタンダードマクロ経済学』（共著）中央経済社，
　　　2013.

竹内信仁・森田雄一編著『スタンダードミクロ経済学』（共著）中央経済社，
2013.

名　　前　**森田　圭亮**（もりた　けいすけ）
担　　当　第4章，第5章，第6章
生　　年　1976年愛知県生まれ
最終学歴　名古屋大学大学院経済学研究科博士課程修了
学　　位　名古屋大学博士（経済学）
現　　在　神奈川大学経済学部准教授
主要業績
　　Advance Tax Payments and Tax Evasion：A Note, *The Singapore Economic Review*, 60(5), 1-10, 2015.
　　Advance Tax Payment and Tax Evasion：Expected Utility Analysis, *The Singapore Economic Review*, 59(2), 1-8, 2014.

名　　前　**大野　正久**（おおの　ただひさ）
担　　当　第7章
生　　年　1979年山口県生まれ
最終学歴　九州大学大学院経済学府経済工学専攻博士後期課程単位修得退学
学　　位　九州大学博士（経済学）
現　　在　熊本大学大学院人文社会科学研究部准教授
主要業績
　　「開放経済と閉鎖経済における環境税の有効性」『地域学研究』44(2), 167−180, 2014.
　　Kawasaki, A. and T.Ohno（2014）Environmental Tax and Tariffs under the International Trade of Products, *Review of Urban & Regional Development Studies*, 26(3), 174-188.

名　　前　**川﨑　晃央**（かわさき　あきお）
担　　当　第8章
生　　年　1978年鹿児島県生まれ

最終学歴 九州大学大学院経済学府経済工学専攻博士後期課程修了
学 位 九州大学博士（経済学）
現 在 大分大学経済学部准教授
主要業績

Airport privatization competition including domestic airline markets, *Review of Urban and Regional Development Studies*, 29, 2-17, 2016.

Hub location with scheduling effects in a monopoly airline market, *The Annals of Regional Science*, 49, 805-819, 2012.

名 前 **北浦 康嗣**（きたうら こうじ）
担 当 コラム 1
生 年 1971年兵庫県生まれ
最終学歴 中京大学大学院経済学研究科博士課程修了
学 位 中京大学博士（経済学）
現 在 法政大学社会学部准教授
主要業績

Education, borrowing constraints and growth, *Economics Letters*, 16(3), 575-578. 2012.

Child labor, education aid, and economic growth, *Journal of Macroeconomics*, 31(4), 614-620, 2009.

名 前 **小寺 俊樹**（こでら としき）
担 当 コラム 2, コラム 3
生 年 1977年岡山県生まれ
最終学歴 名古屋大学大学院経済学研究科博士課程修了
学 位 名古屋大学博士（経済学）
現 在 青森公立大学経営経済学部講師
主要業績

Discriminatory pricing and spatial competition in two-sided media markets, *The B.E. Journal of Economic Analysis & Policy*, 15(2), 891-926, 2015.

「市場競争と供給者誘発需要－医療費支出のマイクロデータ分析－」（共著）『医療経済研究』25（2）, 114－125, 2013.

編著者との契約により検印省略

平成30年5月25日　初版第1刷発行　　　　　財　政　学

編著者　兼　子　良　夫
発行者　大　坪　克　行
製版所　税経印刷株式会社
印刷所　山　吹　印　刷　所
製本所　株式会社三森製本所

発行所　〒161-0033 東京都新宿区　　株式　税務経理協会
　　　　下落合2丁目5番13号　　会社
　　　　振　替 00190-2-187408　　電話　(03)3953-3301（編集部）
　　　　ＦＡＸ　(03)3565-3391　　　　　(03)3953-3325（営業部）
　　　　　　URL　http://www.zeikei.co.jp/
　　　　乱丁・落丁の場合は，お取替えいたします。

© 　兼子良夫　2018　　　　　　　　　　　　Printed in Japan

本書の無断複写は著作権法上での例外を除き禁じられています。複写される
場合は，そのつど事前に，(社)出版者著作権管理機構（電話 03-3513-6969,
FAX 03-3513-6979, e-mail：info@jcopy.or.jp）の許諾を得てください。

JCOPY ＜(社)出版者著作権管理機構 委託出版物＞

ISBN978-4-419-06530-0　C3033